应该知道的知识丛书

地理
知识全知道

本书编写组◎编

YINGGAI ZHIDAO DE ZHISHI CONGSHU
DILI ZHISHI QUANZHIDAO

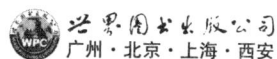 世界图书出版公司
广州·北京·上海·西安

图书在版编目（CIP）数据

地理知识全知道／《地理知识全知道》编写组编
. —广州：广东世界图书出版公司，2010.8 （2024.2 重印）
ISBN 978－7－5100－2601－0

Ⅰ. ①地… Ⅱ. ①地… Ⅲ. ①地理－青少年读物
Ⅳ. ①K9－49

中国版本图书馆 CIP 数据核字（2010）第 160383 号

书　　名	地理知识全知道
	DILI ZHISHI QUANZHIDAO
编　　者	《地理知识全知道》编写组
责任编辑	陈世华
装帧设计	三棵树设计工作组
出版发行	世界图书出版有限公司　世界图书出版广东有限公司
地　　址	广州市海珠区新港西路大江冲 25 号
邮　　编	510300
电　　话	020-84452179
网　　址	http://www.gdst.com.cn
邮　　箱	wpc_gdst@163.com
经　　销	新华书店
印　　刷	唐山富达印务有限公司
开　　本	787mm×1092mm　1/16
印　　张	10
字　　数	120 千字
版　　次	2010 年 8 月第 1 版　2024 年 2 月第 11 次印刷
国际书号	ISBN　978-7-5100-2601-0
定　　价	48.00 元

前　言

　　"地理"一词最早见于我国《易经》。英文中地理一词则来源于希腊文 hêgê（意为"地球"）和 graphein（意为"写"）。地理是研究地球表面各种自然现象和人文现象，以及它们之间相互关系和区域分布的科学。因此，对于身处地球的我们来说，地理知识遍及我们生活的各个方面，掌握一些基础的必要的地理知识，对我们大有裨益。

　　了解了地理知识，你可以随心所欲地在地图上指出任何一个国家及著名的城市，可以辨别出不同国家的地理概况、风土人情，可以了解到各种自然现象的成因、特征，可以了解地球环境及其变化的规律，为人类更好地利用地球提供更好的、更科学的方案，同时还可以了解环境变化的原因，帮助人们树立正确的环境观，等等。好处不胜枚举。

　　地理常识是衡量一个人的综合素质的重要组成部分，它将会影响到青少年朋友未来的生活和工作。

　　在古代，总是用"上通天文，下晓地理"来形容一个人的才学，足见古人已经意识到地理知识的重要性。对于当今全球化形势下的青少年朋友来说，地理知识，尤其是地理常识更加重要，如果连一些国家在哪里都不知道，怎么去跟上全球化的脚步呢？因此，赶快检查一下自己的地理知识吧，查漏补缺，储备足够的地理知识，能够让你的眼界更加开阔。

虽然地理知识非常丰富，涉及的范围也极为广泛，但是本书的选材范围以常识和基础为主，从地球、世界概况、地球的水、地质、地貌、天气、气候、资源等方面进行介绍，旨在让你全面获得现在就在你身边的地理知识！

地理知识全知道

DILI ZHISHI QUANZHIDAO

目　录

地球上的水

地质与地貌

天气和气候

目

录

CONTENTS

地理知识全知道

DILI ZHISHI QUANZHIDAO

认识地球

地球是人类赖以生存的家园，可是，我们对这个"家"的认识却很不完备，"家"是什么样子？有多大？都由什么组成？"家"里各种物体的分布？……这些都是下面要告诉你的。

地球的形状和大小

人类对于地球的认识曾经历了一个相当长的过程。从最早的"天圆地方"说，到亚里士多德根据月球上地影是圆形，论证地球是球体，麦哲伦环球的航行，人们渐渐认识到地球是个球体。

随着科学技术的发展，在 17 世纪末，人们对地球是正圆球的主张开始有了怀疑。1672 年，法国天文学家李希通过测定，发现地球赤道的重力比其他地方都小，提出大地是扁球形的主张。

17 世纪末，英国大科学家牛顿研究了地球自转对地球形态的影响，从理论上推测地球不是一

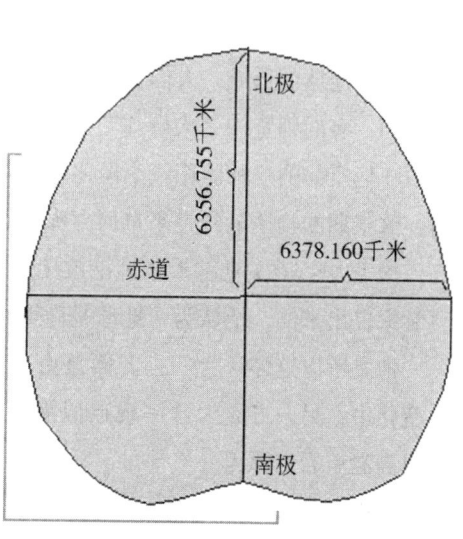

北极

6356.755千米

6378.160千米

赤道

南极

地球的形状

个很圆的球形，而是一个赤道处略为隆起，两极略为扁平的椭球体，赤道半径比极半径长20多千米。1735～1744年法国巴黎科学院派出两个测量队分别赴北欧和南美进行弧度测量，测量结果证实地球确实为椭球体。

20世纪50年代后，科学技术发展非常迅速，为大地测量开辟了多种途径，高精度的微波测距、激光测距，特别是人造卫星上天，再加上电子计算机的运用和国际间的合作，使人们可以精确地测量地球的大小和形状了。通过实测和分析，终于得到确切的数据：地球的平均赤道半径为6378.16千米，极半径为6356.74千米，赤道周长和子午线方向的周长分别为40075千米和39941千米。测量还发现，北极地区约高出18.9米，南极地区则低下24～30米。

看起来，地球形状像一只梨子：它的赤道部分鼓起，是它的"梨身"；北极有点放尖，像个"梨蒂"；南极有点凹进去，像个"梨脐"，整个地球像个梨形的旋转体，因此人们称它为"梨形地球"。其实确切地说，地球是个三轴椭球体。

❤ 地球的形成

对于地球的形成，人们提出过许多不同的观点。有的认为地球是上帝创造的，有的则坚持"大爆炸"的结果。"大爆炸"观点认为：宇宙是在大约200亿年前的一种体积较小但比重却非常大的物质突然爆炸而形成的。然而，这早期的物质最先是来自何方呢？看来谁也不可能找到最后的答案。

19世纪，有关地球形成理论被接受的观点是1862年一位名叫卡尔文的科学家提出来的。他认为，地球是由熔融状态下的物质冷却以后形成的。

他之所以这样认为，一方面是由于当时已经准确证明了地球的温度处在变化中；另一方面为这一观点似乎提供了证据，解释了火山从内部往外喷出高温熔岩的原因。

然而，20世纪初大量的证据表明，地球大概从来未完全熔化过。于是以出现了一个理论：地球以及太阳系中的其他星球是太空中的尘埃和气体的聚集而形成的。这大概就是万有引力的结果。这种吸引力使所有的物体

互相吸引。我们认为这种现象大约发生在 60 亿年以前。这就意味着地球形成时就是冷的，而不是所谓的熔化后的球体。

从开采深矿所获得的证据中，越靠近地心温度就越高。其热度甚至足以熔化许多物质。那么这种高温是从哪来的呢？人们认为，这种热度有一个双重的起因。当太阳最早开始缩小的时候，地球就变热了。这些热量又引发了某些放射性物质的蜕变，释放出更多的热量。地球的第一层岩石圈很有可能是在 45 亿年前由高温熔化冷却物质后形成的。

地球的年龄

地球的年龄到底有多大？根据科学测算，地球的年龄大约已有 50 亿年。那么，人们用什么方法来推算地球的年龄呢？目前，科学上是用测定岩石中放射性元素和它的衰变生成的同位素含量的方法，来作为测定地球年龄的"计时器"。

放射性元素衰变有一个特点，就是衰变速度很稳定。在一定时间内，一定量的放射性元素，分裂多少分量，生成多少新的物质都有个确切的数字，衰变速度不受外界条件，如冷热变化、化学变化等影响。例如，1 克铀在一年中有 1/74 亿克裂变为铅和氦。因此，我们可以根据岩石中现在含有多少铀和多少铅，算出岩石的年龄，或者可选定一些含有铀的，并能完好地保存氦的岩石，来算出岩石的年龄。

地壳由不同的岩层所组成，而岩层中所含放射性元素及其生成的同位素种类很多。现在用来测定岩石年龄的放射性元素除了铀以外，还有钍、铷、钾等，因此测定岩石年龄的方法也有好多种。

到目前为止，科学家已经用放射性同位素方法，测得了地球上许多古老岩石的年龄，各大洲大陆都找到了 30 亿年以上的古老岩石。在格陵兰西部，测得片麻岩的年龄为 37 亿～38 亿年，南极洲的山岩和结晶片岩接近 40 亿年，北美洲拉布拉多北部大西洋沿岸的片麻岩有 36.5 亿年，刚果的微斜卡石是 35.2 亿年，美国明尼苏达州花岗岩有 31 亿～33 亿年，我国河北迁西县大平寨的变质岩有 36.7 亿年。

古老岩石是地球形成初期的产物。地球的实际年龄，应比古老岩石的年龄稍长些。

地球的表面物质构成

气体、岩石和土壤就是构成地球的表面物质，我们可以找到相应的标本并仔细地观察它们。通过不同方面的资料来源，科学家们已经能够将许多证据综合在一起，得出一个完整的地球构造图。

空气是由 3 种气体组成的混合体，空气中 78% 的气体是氮。氮是一种不甚活泼的气体，这就是说该元素不容易与其他物质发生化学反应。空气中大约含有 21% 的氧，这是人类呼吸所需要的不可缺少的气体。还有少量的氢气、一定量的稀有气体、一定量的二氧化碳，则是植物所需要的气体。

在地球表面的岩石中，几乎 99% 是由 8 种基本物质或元素构成的。这些元素是氧、硅，它们是生产玻璃的重要原料；铝，铁，人体骨骼所需要的钙，普通食盐中所含的钠，以及钾和镁。除了氧和硅外，其他物质都属于金属。

地球的内部结构

随着科学的发展，人们根据钻井采矿中获得的资料和火山喷发的物质来分析，逐步弄清了地球内部的温度、密度、压力和化学成分。特别是 20 世纪下半叶，人们利用地震波来研究地球内部的结构和物理状况，终于揭开了地球内部的秘密。

研究结果表明，地球内部可以

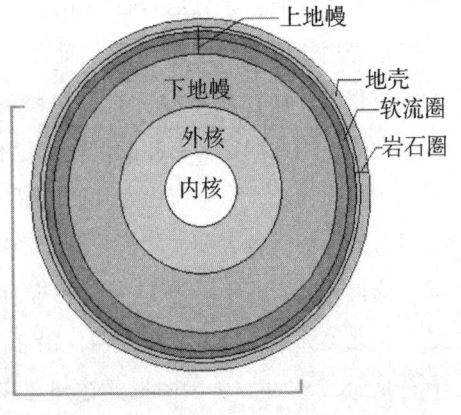

地球的内部结构

分成好几个同心圈层。粗略地看，它大致可以分为地壳、地幔（又称"中间层"）、地核 3 个圈层。

地壳是地球外部的一层坚硬外壳。地壳由各种岩石组成，除地表覆盖着一层薄薄的沉积岩、风化土和海水外，上部主要由花岗岩类的岩石组成，而下部则主要由玄武岩或辉长岩类的岩石组成。地壳的平均厚度为 33 千米，但各地并非一样，一般大陆比海洋厚，高山比平原厚。大陆地区的地壳厚度一般为 35 千米，大洋地区却只有 5~10 千米。我国西藏地区地壳厚达 60~80 千米，东部平原地区则为 30 多千米。地壳密度在 2.6~3 之间；压力自上而下由 1 个标准大气压增加到 1300 个标准大气压；温度至底部增加到 1000℃左右。

地幔介于地壳和地核之间，可分为 2 层。上层（即上地幔）离地面 33~900 千米，物质成分除硅、氧外，铁、镁显著增加，铝则退居次位。压力为 50 万个标准大气压，温度为 1200~1500℃，物质状态为固态结晶质，但具有较大的可塑性。下层（即下地幔）离地面 900~2900 千米，物质成分除硅酸盐外，金属氧化物与硫化物，特别是铁、镍显著增加，平均密度为 5.6，压力为 150 万个标准大气压，温度为 1500~2000℃，物质状态属非结晶状态。地幔的体积占地球总体积的 83%，质量占整个地球的 66%。由于高温高压的结果，地幔物质常处于熔岩状态，成为岩浆的发源地。

地核是指地幔以下到地球核心部分。地球中心压力可达 350 万个标准大气压，温度约为 3000~5000℃，在这样的高温高压下，地球中心的物质，已不能用我们熟悉的"固态"或"液态"的字眼来表示，它可能是一种人们还不熟悉的物质状态。这种物态的特点是在高温高压长期作用下，犹如树脂和蜡一样具有可塑性；但对于短时间的作用力来说，却比钢铁还要坚硬。但是，关于地核的物质组成，科学界尚有不同的争论，有待于人们进一步去研究、去探索。

大气圈

地球外部裹着一层蔚蓝色的柔软的外衣，这就是大气圈。大气圈位于

水圈和岩石圈之上，是地球最外的一圈，由氮、氧、二氧化碳等气体混合组成，我们人类就居住在大气圈的底层。

大气圈中的成分很复杂，除了氧气和氮气外，还存有许多的化学元素。同时还存有许多的水汽和尘埃，这是形成云、雨、雾的重要物质。大气圈的厚度有二三千千米，气象学家将它分为3层：①靠近地球的一层称对流层。该层是

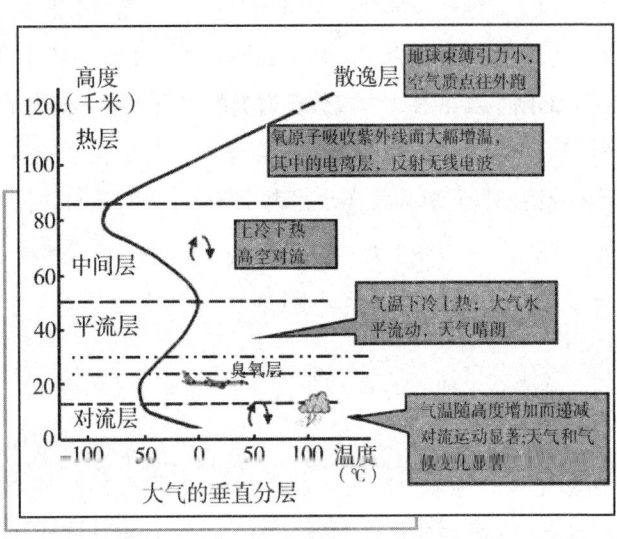

高度（千米）
散逸层
地球束缚引力小，空气质点往外抛
热层
氧原子吸收紫外线而大幅增温，其中的电离层，反射无线电波
中间层
上冷下热，高空对流
平流层
气温下冷上热，大气水平流动，天气晴朗
臭氧层
对流层
气温随高度增加而递减，对流运动显著；天气和气候变化明显
温度（℃）
大气的垂直分层

大气的垂直分布

风、云、雨、雪、雹等天气现象的主要源地。②第二层为平流层，也称为电离层，来自各个地点的无线电波被该层反射，才能传到世界各地。③第三层为热层，也称为散逸层。高出地面80~500千米左右。

大气圈的密度由地表向高空逐渐变小，并逐渐过渡到星体空间，因此大气层无明显上界。科学家认为，到1200千米的高度就是大气圈的上界。从地面到高空，大气的成分、密度、温度等性质都有明显的变化。

水 圈

大气圈的底部为水圈，它是由海洋、湖泊、河流等组成。地球表面2/3为水，总水量约为14亿立方千米。在太阳照射下，地球上的水不断进行循环运动，一部分蒸发形成大气水，另一部分则渗入地下成为地下水，大部分形成河流又汇入海湖，进行蒸发，往复循环，才使地球上万物巨变，生机盎然。

地球上所有的水包围在地球周围形成的圈层，称为水圈。包括地表水、地下水及大气中的液态水、固态水和气态水。海水水量最大，占的体积最多（约占水圈总体积的96.2%），因而它是水圈的主体。其余如江、河、湖、冰川、水汽等，虽是水圈的组成部分，但只占水圈总体积的3.8%。水圈的厚度约为地球平均半径的1/1630，只是地球表面很薄的一层。水圈和大气圈是地球生命存在的重要保证，没有空气和水，地球上也就没有生命存在。因此，水是一项十分宝贵的资源。珍惜水资源，防止水和大气污染，就成了人类面临的重大课题。

生物圈

人类所居住地球，由内向外呈圈带状构造，它们是岩石圈、水圈和大气圈3个基本圈层。在这3个圈层相互作用、相互影响、相互制约、相互渗透的交错带，有一个生命活动的空间，我们把有生命（人、动物、植物和微生物）存在的空间圈层，称为生物圈。

生物圈即地球上动物、植物以及微生物生存和生活的圈层。植物是最主要的成员，地球上的植物大约有50多万种，由于光合作用产生大量氧气，才使得人类以及大量动物生存。地球上的动物大概有150万种。地球上的微生物具有很强的生命力，在地下1千米处都有它的存在。生物圈的形成与大气圈、水圈和地壳间相互接触、相互渗透、相互影响的结果是分不开的。

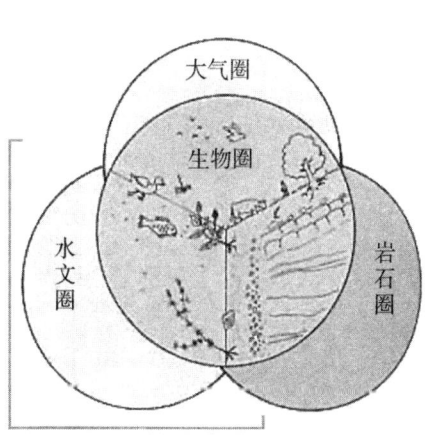

地球的生物圈

目前，在生物圈之外，也发现了生命存在的迹象。

根据现代科学研究，生物圈的上限在地面以上12~18千米的高空，即大气对流层的顶部；下限大约在地面下12千米的地球深处。在生物圈之内，

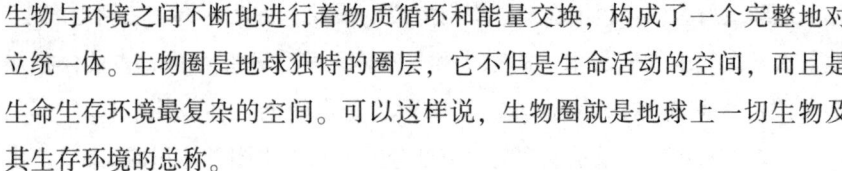

生物与环境之间不断地进行着物质循环和能量交换，构成了一个完整地对立统一体。生物圈是地球独特的圈层，它不但是生命活动的空间，而且是生命生存环境最复杂的空间。可以这样说，生物圈就是地球上一切生物及其生存环境的总称。

 臭氧层

我们居住的地球周围，围绕着一层厚达 2000～3000 千米的大气，人们称之为大气圈。大气圈的结构与楼层相似，共分为 5 层。由地面向上至 8～18 千米高度称为对流层；对流层顶往上至 55 千米左右为平流层；平流层顶到 85 千米左右为中间层；中间层顶至 800 千米的高度为暖层；暖屋顶往上称为散逸层。

我们人类生活在大气中，一刻也离不开大气。大家知道，人类离不开大气的主要原因是人类要靠呼吸吸收大气中的氧气以维持生命。可是，大家可能还不知道，大气除了把氧气供给我们呼吸之外，大气中的臭氧还在保护着我们不受紫外线的伤害。

臭氧是一种气体，它与氧气一样都是由氧原子组成的，不同之处在于臭氧分子中比氧气多了 1 个氧原子，即分子式是 O_3。臭氧的一大特性是能大量吸收来自太阳辐射中的紫外线。臭氧集中分布在平流层中，形成一个厚达 30～40 千米的围绕地球的臭氧层，臭氧层中的臭氧以地表往上 25～30 千米处最为密集。

臭氧层阻挡太阳紫外线

空间大厦中的臭氧层，虽然臭氧浓度不超过 0.001%，把它压缩一下只有比鞋底还薄的一层，但却身手不凡，身负重任，太阳辐射到地球的紫外线 99% 由它在平流层吸收。只有少量的紫外线能够通过臭氧层到达我们集

中居住的地球表面，而这极少量的紫外线不但不会伤害我们人类和其他生物，而且对人类的健康和生物的生长是有利的。由于臭氧层对人类和地球生物具有保护作用，因而被人们称之为地球的"保护伞"。

天高地厚

通常，我们常用"天高地厚"来形容天地的广大辽阔。长期以来，"天有多高？地有多厚？"人们众说不一。如今，随着科学技术的发展，这一难题已经得到解决。

前苏联9位科学家曾在1989年乘气球对天空颜色作了一次详细的观测。当他们从地面上升到8.5千米的高空时，天空一直是青色的；上升到10.8千米的高空时，天空成了暗青色；超过18千米高空之后，由于空气非常稀薄，光不发生散射，天空成了一片暗黑色。这时太阳和星星同辉。由此可见，青天离地面距离只有10千米左右。

地有多厚呢？这里的地指的是地壳。地壳由各种岩石组成，上部叫硅铝层。因各地的地壳结构不完全一样，所以厚度很不均匀。其中大陆地壳与海洋地壳差别最大。大陆地壳厚度是35千米，最厚的地区是我国西藏地区，厚度达60~80千米；海洋地壳很薄，平均不到27千米；太平洋地区最薄，仅4~7千米，全球地壳平均厚度是20千米左右。如果做一个鸡蛋那么大的地球仪，地壳比蛋壳要薄得多。

地槽—地台学说

地槽—地台说是传统的大地构造学说。1859年美国的霍尔在对阿巴拉契亚山地的研究中，结论认为山脉是在地壳的巨大坳陷中形成的。1873年丹纳把这种坳陷地带叫做地向斜（又译为地槽）。1885年，休斯又首先提出地台概念，他认为地台是地壳上稳定的地区。1900年法国E·奥格在他的《地槽和大陆块》一书中，才把地壳划分为地槽和地台两种基本构造单元。

地槽—地台学说产生后，从19世纪末到现在，一直占据统治地位。在

产生大地构造动力来源的看法上又有 2 种观点：①认为以地壳的垂直运动（升降运动，振荡运动）为主；②认为以地壳的水平运动为主。其中以垂直运动的观点占主要地位。

槽台论认为，地球表面分布高峻的山脉或岛弧的地区，都曾是地壳的活动地带——地槽，这里地壳升降运动的幅度和速度都较大，沉积物达到很大的厚度，构造变动和岩浆活动强烈，变质作用显著。地台也称陆台，代表地壳上比较稳定的地块，其轮廓呈浑圆状，在现代地形上一般表现为丘陵起伏的波状平原、低山绵延的大片高原或微倾的大陆架浅海地区。这里除幅度不大的整体升降运动外，构造运动、岩浆活动、变质作用等都不如地槽强烈。

地槽发展到一定阶段时，就由下沉而转为上升，经过褶皱变质，逐渐变成稳定的陆台。在地壳演化的不同地质时期内，都有一部分地槽向陆台转变，因而地槽的面积就逐渐缩小，陆台的面积逐渐扩大。1945 年黄汲清教授提出多旋回说，认为地槽向地台的转化一般都经历了由量变到质变的多旋回发展过程，即一个褶皱带的形成往往是经历了多次造山运动。1959年，陈国达教授根据地台活化现象，提出地洼说，认为由地槽区（活动区）转化为地台区，只是达到相对稳定，并不是地壳发展的最后形式和阶段，在一定条件下，它还可以转化为新型活动区——地洼区。

# 地质年代

自从陆地上出现了生物以来，古代生物的遗体——化石，就是我们认识地球的最好标志。科学家仍根据化石以及岩石中的放射性元素的蜕变计算，把地球历史演变划分为 5 个年代，即太古代、元古代、古生代、中生代和新生代，共 10 余个纪。这个划分符合地槽—地台说。

（1）太古代和元古代。地壳普遍处于不稳定的状态，造山运动比较频繁。那时地表还没有广阔的大陆，到元古代中期，开始出现广大的相对稳定地区，逐渐转化为古陆台，如非洲陆台、南美陆台、澳大利亚陆台、印度陆台等组成的冈瓦那古陆，以及北方的俄罗斯陆台、西伯利亚陆台、我

国东部陆台、北美陆台。它们被蒙古地槽、乌拉尔地槽、加里东地槽、阿巴拉契亚地槽和古地中海地槽所隔开。此外，还有科迪勒拉地槽、安第斯地槽、西太平洋地槽等。

（2）古生代后期。加里东运动发生，这在加里东地槽、蒙古地槽北缘、阿巴拉契亚地槽北段等表现尤为强烈，使原来的沧茫海底，褶皱成山，陆地范围扩大。

（3）石炭纪到二叠纪。海西运动掀起，许多地槽区先后褶皱隆起。我国的大部、欧洲中部、北美东部、非洲西北部、澳大利亚东部，以及亚欧之间的山脉都是海西运动的产物。这时亚欧大陆连成一体，陆地面积空前扩大。而冈瓦那古陆出现分裂趋势，局部地区发生凹陷和下沉，海水侵入。

（4）从侏罗纪开始到白垩纪。太平洋运动使环太平洋地槽靠大陆部分的内带发生强烈的褶皱，造成东亚大陆边缘和美洲西部高大山系，陆地又向外扩展一步。与此同时，在一些相对稳定的陆台区，地壳又重新趋于活动，产生断裂，大规模岩浆侵入和喷发，以及大幅度的凹陷。到中生代末，冈瓦那古陆彻底解体，南方各大陆及印度洋、南大西洋已基本形成。

（5）新生代。这是最终形成现代地表形态的一个发展阶段，通过第三纪中期开始的新阿尔卑斯运动（也称喜马拉雅运动），古地中海地槽发生强烈褶皱，形成了横贯东西的、年轻高大的阿尔卑斯—喜马拉雅山系。环太平洋地槽的外带也相继褶皱上升，形成东亚岛弧山脉和美洲西岸山脉。新阿尔卑斯运动的影响还扩及大陆的其他地区，如中亚、西欧等古生代褶皱带又被抬升和断裂，东非大裂谷继续扩大，并有大规模玄武岩喷发活动，等等。

❤ 大陆漂移说

1912 年德国的气象学家魏格纳在法兰克福地质协会和马尔堡科学协进会上先后作了"从地球物理学的基础上论地壳轮廓（大陆与海洋）的生成"和"大陆的水平位移"的两次演讲，正式提出了大陆漂移学说。

魏格纳对大西洋两岸的轮廓作了有趣的拼接，发现两岸的凹凸巧妙地

吻合。同时，他还致力于从地质学的研究成果中寻找证据：非洲南部东西走向的褶皱山——开普山脉，与南美洲布宜诺斯艾利斯山脉一致；非洲西部巨大的片麻岩高原与巴西片麻岩高原几乎一样；著名的非洲金刚石产在金伯利岩中，在巴西也能找到；石炭二叠纪南方冈瓦那大陆出现大面积冰盖，南美洲的冰川漂砾一部分来源于南非；在大西洋北部的两岸，有3条并列的古老褶皱带，从此岸延伸到彼岸；西班牙半岛上的山脉与美国东部阿巴拉契亚山脉都是遥相对应的海西褶皱带；英国的苏格兰、爱尔兰高地与加拿大的纽芬兰和拉布拉多高原，都属加里东褶皱带；苏格兰西北部及赫布里底群岛的片麻岩山系与拉布拉多北部元古界片麻岩山系相呼应。魏格纳把大西洋两岸地质条件相似性，比作被撕破的报纸，不仅参差不齐的边可以吻合，连印刷的文字也可以拼合。

　　其次，石炭—二叠纪的舌羊齿化石，广布于冈瓦那大陆；早二叠世的中龙化石（淡水爬行类）发现于南非和巴西这一事实，也能解释为这些陆地目前虽远隔重洋，但在石炭—二叠纪时，应该是连在一起的一块大陆。

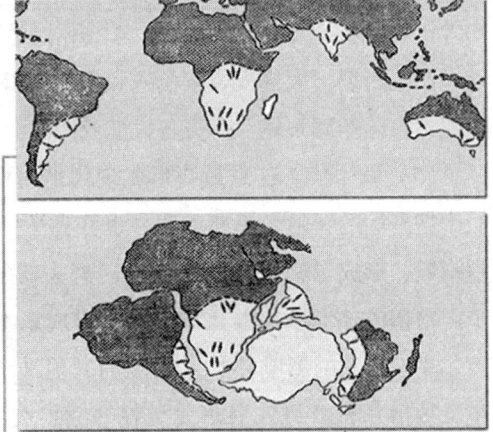

大陆漂移

　　魏格纳用大西洋两岸地质学和古生物学方面的大量详细的相关现象，指出在古生代全球只有一块陆地（泛大陆），周围是一片广阔的海洋（泛大洋）。到了中生代，出于地球自转产生自东向西的潮汐摩擦力和从两极向赤道方向的离心力切向分力的作用，泛大陆开始分裂和漂移。漂浮在玄武岩硅镁层（又称玄武岩层）基底上的花岗岩质的大陆，都自两极向赤道和自东向西漂移，美洲漂得最快，亚、澳大陆漂得最慢。首先美洲和欧洲、非洲之间形成大西洋，接着澳大利亚和南极洲之间出现印度洋。这一漂流过程很缓慢，直到第四纪初期才形成像现代世界上海陆分布的轮廓。魏格纳认为地球上的山脉也是大陆漂移的产物，如纵贯南北美洲大陆西岸的科迪勒拉山系，就是美洲大陆向西漂移滑动过程中，受到太平洋玄武岩基底的阻挡，被挤压褶皱形成的；亚洲东缘的岛弧群，是陆地向西漂移时留下的残块；东西向的各大山脉，如阿尔卑斯山、喜马拉雅山等，是大陆从两极向赤道挤压的结果。

大陆漂移说问世以后，曾在 19 世纪二三十年代盛行一时，但终因当时还没有发现地壳大规模水平位移的正面数据，而逐渐消沉下来。到了 50 年代，出于地球物理勘探的广泛应用，为地质学积累了大量资料，特别是古地磁研究的飞速发展，促使更多人接受了大陆漂移的论点。洛德·布莱克特和基思·朗康等测定了许多地区的古地磁位置，发现只能用大陆漂移理论才能解释。例如，将欧、美两洲一系列的不同地质时代的岩石标本测定后，画出这两洲的古地磁极移动的曲线，从理论上讲，这两条线应当重合，因为只有一个地磁场。但是，这两条线并不重合，时代越老，相距越远，古生代相距最远，其距离正好相当于目前大西洋的宽度，如果将这两大洲紧密拼接起来，则古地磁极移动的曲线也正好吻合。这就是古地磁学对大陆漂移说提供的证据。海底扩张说的出现，也客观地证实了大陆确实发生过移动，这样使沉默已久的大陆漂移说又重新复兴起来了。

海底扩张说

1962 年，英国海洋地质学家赫斯教授发表了他的著名的论文《大洋盆地的历史》。这篇论文被人们称为"地球的诗篇"。其中，赫斯教授以先入之见，首先提出了"海底扩张学说"。

"海底扩张"说，恰好可以解释当年魏格纳无法解释的大陆漂移理论。我们知道，地球是由地核、地幔、地壳组成的。地幔的厚度达 2900 千米，是由硅镁物质组成，占地球质量 68.1%。因为地幔温度很高，压力大，像沸腾的钢水，不断翻滚，产生对流，形成强大的动能。大陆则被动地在地幔对流体上移动。

形象地说，当岩浆向上涌时，海底产生隆起是理所当然的，岩浆不停

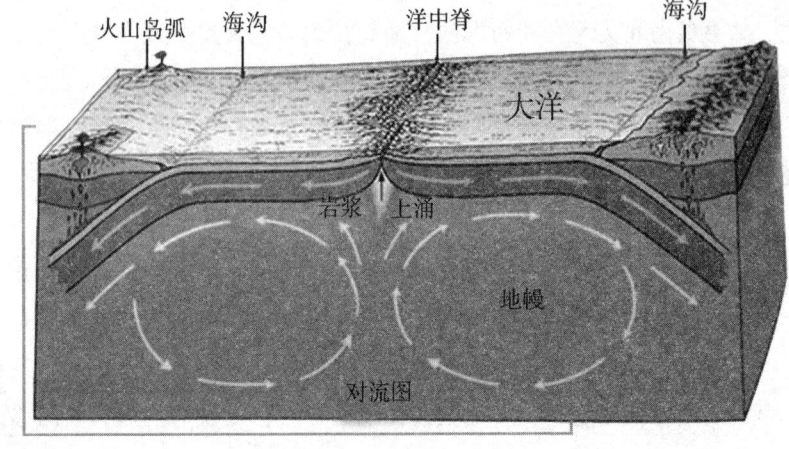

火山岛弧　　海沟　　　　　　洋中脊　　　　　　海沟

大洋

岩浆　上涌

地幔

对流图

海底扩张

地向上涌升，自然会冲出海底，随后岩浆温度降低，压力减少，冷凝固结，铺在老的洋底上，变成新的洋壳。当然，这种地幔的涌升是不会就此停止的。在继之而来的地幔涌升力的驱动下，洋壳被撕裂，裂缝中又涌出新的岩浆来，冷凝、固结、再为涌升流动所推动。这样反复不停地运动，新洋壳不断产生，把老洋壳向两侧推移出去，这就是海底扩张。

在洋底扩张过程中，其边缘遇到大陆地壳时，扩张受阻碍，于是，洋壳向大陆地壳下面俯冲，重新钻入地幔之中，最终被地幔吸收。这样，大洋洋壳边缘出现很深的海沟，在强大的挤压力作用下，海沟向大陆一侧发生顶翘，形成岛弧，使岛弧和海沟形影相随。

♥ 板块构造说

板块构造学说是1968年法国地质学家勒皮雄与麦肯齐、摩根等人提出的一种新的大陆漂移说，它是海底扩张说的具体引伸。

板块构造，又叫全球大地构造。所谓板块指的是岩石圈板块，包括整个地壳和莫霍面以下的上地幔顶部，也就是说地壳和软流圈以上的地幔顶部。新全球构造理论认为，不论大陆壳或大洋壳都曾发生并还在继续发生大规模水平运动。但这种水平运动并不像大陆漂移说所设想的，发生在硅铝层和硅镁层之间，而是岩石圈板块整个地幔软流层上像传送带那样移动着，大陆只是传送带上的"乘客"。

勒皮雄在 1968 年将全球地壳划分为 6 大板块：太平洋板块、亚欧板块、非洲板块、美洲板块、印度板块（包括澳洲）和南极板。其中除太平洋板块几乎全为海洋外，其余 5 个板块既包括大陆又包括海洋。此外，在板块中还可以分出若干次一级的小板块，如把美洲大板块分为南、北美洲两个板块，菲律宾、阿拉伯半岛、土耳其等也可作为独立的小板块。

板块之间的边界是大洋中脊或海岭、深海沟、转换断层和地缝合线。这里提到的海岭，一般指大洋底的山岭。在大西洋和印度洋中间有地震活动性海岭，另名为中脊，由两条平行脊峰和中间峡谷构成。太平洋也有地震性的海岭，但不在大洋中间，而偏在东边，它不甚崎岖，没有被中间峡谷分开的两排脊峰，一般叫它为

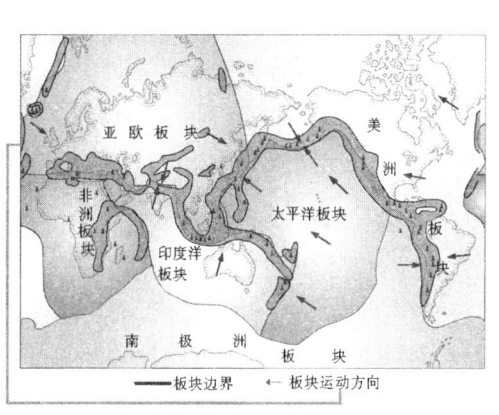

六大板块的运动

太平洋中隆。海岭实际上是海底分裂产生新地壳的地带。转换断层，是大洋中脊被许多横断层切成小段，它不是一种简单的平移断层，而是一面向两侧分裂，一面发生水平错动，是属于另一种性质的断层，威尔逊称之为转换断层。两大板块相撞，接触地带挤压变形，构成褶皱山脉，使原来分离的两块大陆缝合起来，叫地缝合线。一般说来，在板块内部，地壳相对比较稳定，而板块与板块交界处，则是地壳运动比较活跃的地带，这里火山、地震活动以及断裂、挤压褶皱、岩浆上升、地壳俯冲等频繁发生。

是什么力量驱使板块进行运动呢？按照赫斯的海底扩张说来解释，认为大洋中脊是地幔对流上升的地方，地幔物质不断从这里涌出，冷却固结成新的大洋地壳，以后涌出的热流又把先前形成的大洋壳向外推移，自中

脊向两旁每年以0.5~5厘米的速度扩展，不断为大洋壳增添新的条带。因此，洋底岩石的年龄是离中脊愈远而愈古老。当移动的大洋壳遇到大陆壳时，就俯冲钻入地幔之中，在俯冲地带，由于拖曳作用形成深海沟。

大洋壳被挤压弯曲超过一定限度就会发生一次断裂，产生一次地震，最后大洋壳被挤到700千米以下，为处于高温熔融状态的地幔物质所吸收同化。向上仰冲的大陆壳边缘，被挤压隆起成岛弧或山脉，它们一般与海沟伴生。现在太平洋周围分布的岛屿、海沟、大陆边缘山脉和火山、地震就是这样形成的。所以，海洋地壳是出大洋中脊处诞生，到海沟岛弧带消失，这样不断更新，大约2亿~3亿年就全部更新一次。因此，海底岩石都很年轻，一般不超过2亿年，平均厚约5~6千米，主要由玄武岩一类物质组成。而大陆壳已发现有37亿年以前的岩石，平均厚约35千米，最厚可达70千米以上。除沉积岩外，主要由花岗岩类物质组成。地幔物质的对流上升也在大陆深处进行着，在上升流涌出的地方，大陆壳将发生破裂。如长达6000多千米的东非大裂谷，就是地幔物质对流促使非洲大陆开始张裂的表现。

根据板块学说，大洋也有生有灭，它可以从无到有，从小到大，也可以从大到小，从小到无。大洋的发展可分为胚胎期（如东非大裂谷）、幼年期（如红海和亚丁湾）、成年期（如目前的大西洋）、衰退期（如太平洋）与终了期（如地中海）。大洋的发展与大陆的分合是相辅相成的。

在前寒武纪时，地球上存在一块泛大陆。以后经过分合过程，到中生代早期，泛大陆再次分裂为南北两大古陆，北为劳亚古陆，南为冈瓦那古陆。到三叠纪末，这两个古陆进一步分离、漂移，相距越来越远，其间由最初一个狭窄的海峡，逐渐发展成现代的印度洋、大西洋等巨大的海洋。到新生代，由于印度已北漂到亚欧大陆的南缘，两者发生碰撞，青藏高原隆起，造成宏大的喜马拉雅山系，古地中海东部完全消失；非洲继续向北推进，古地中海西部逐渐缩小到现在的规模；欧洲南部被挤压成阿尔卑斯山系，南、北美洲在向西漂移过程中，它们的前缘受到太平洋地壳的挤压，隆起为科迪勒拉—安第斯山系，同时两个美洲在巴拿马地峡处复又相接；澳大利亚大陆脱离南极洲，向东北漂移到现在的位置。于是海陆的基本轮廓发展成现在的规模。

地球上的经纬线

在地图上或者地球仪上，我们可以看到上面都画有一条条很有规律的纵的横的线条，它们有的是直线，有的是曲线，这些线就是经纬线。

我们知道，地球是绕着地轴旋转的。地轴，这是一根假想的连接南北两极并通过地球中心的线，如果我们在地轴一半的地方作一个和地轴垂直的平面，这个平面和地球表面相交的线是一个大圆圈，它是地球上最大的一个圆圈，地理学上就称它为赤道。于是，我们可以朝着北极和南极的方向，在地球上画出很多和赤道平行的线，这些线就叫做纬线。为了区别每一条纬线，人们给纬线标注了度数，这就是纬度。纬度从赤道算起，把赤道定为0°，由赤道到北极和南极各分作90°。赤道以北是北纬，以南是南纬。北纬90°就是北极，南纬90°就是南极。

从北极到南极，又可以在地球上画很多半圆圈，这就是经线。但是经度怎样划分，开始很不统一。最早，各国以通过本国首都的经线为0°，作为计算经度的起点。1884年，在一次国际经度会议上，确定通过英国伦敦东南郊的格林尼治天文台的经线作为世界上计算经度的共同起点，即定为经度0°。从这条线算起，向东向西各分180°，向东的称为东经，

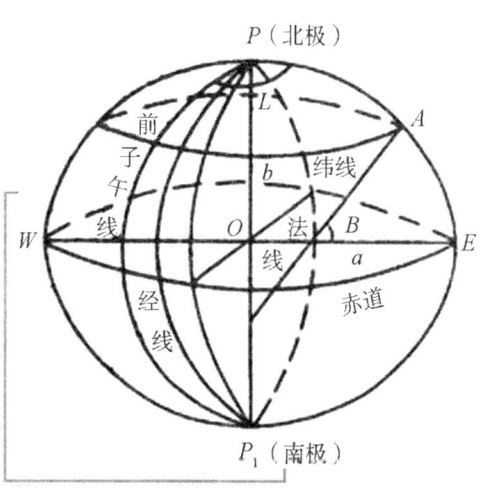

地球上的经纬线

向西的称为西经，所以东经180°和西经180°实际上是同一条经线，一般就叫它180°经线（有时也叫国际日期变更线）。

根据经纬度，我们可以确定地球表面任何一个地点的地理位置。

地图上的方向

地图就是按一定法则，将地表的自然和社会现象缩小、概括（综合），用地图符号表现在平面上，以反映地表现象的地理分布、相互联系、相互制约关系的图像。按表示内容，地图可分为普通地图和专用地图；按比例尺，地图可分为大、中、小比例尺地图；按表示方法、制作材料、使用情况分，则有挂图、示意图、立体地图、塑料地图等。随着自动化技术和遥感技术的发展，还可包括数字地图、影像地图和微缩地图等。人们根据地图，可以了解一个地区、一个国家以至整个世界的面貌。

地图有广泛的用途。行军作战、航海航空都离不开地图；开垦荒地、修建铁路、建筑水库也离不开地图。地图已经广泛应用于很多领域，在经济建设、国防建设、科学研究和人民日常生活中具有重要的作用。因此，我们要养成经常查看地图、使用地图的习惯。

看地图，必须注意方向。我们面对地图，一般把它的上方定为北，下方定为南，左方定为西，右方定为东。简单地说，就是"上北下南，左西右东"。

有的地图画有指向标，我们可以根据指向标在图上定方向。一般来说，指向标箭头所指的方向就是北方，其相反的方向就是南方。知道了南方和北方，东方和西方就可以确定了。

在绘有经纬网的地图上，我们则要根据经纬线来确定方向。经线指示南北方向，纬线指示东西方向。在经纬线画成圆弧形的情况下，确定方向时要特别注意。

世界地理概况

认识了地球，下面我们再来了解一下世界范围内的地理概况，包括海陆分布、四大洋、七大洲自然环境的概况。

世界海陆分布概况

地球表面总面积为5.1亿平方千米，其中陆地面积1.49亿平方千米，约占地球表面总面积的29%；海洋面积3.61亿平方千米，约占地球表面积的71%。地球表面海陆分布不均。

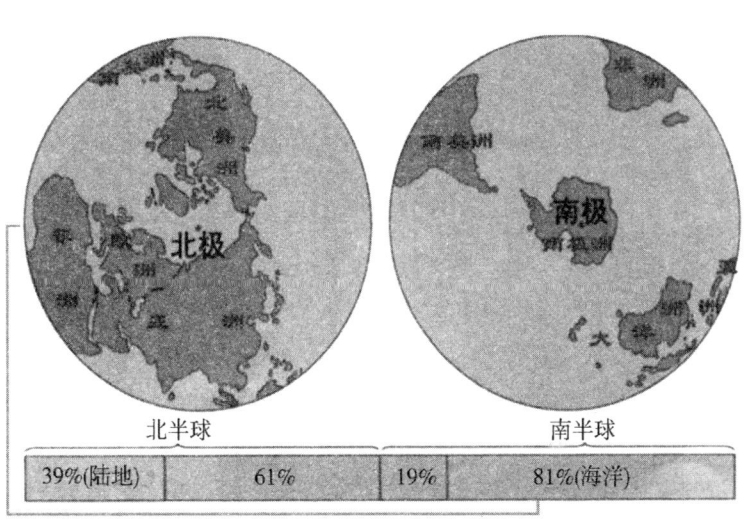

北半球		南半球	
39%(陆地)	61%	19%	81%(海洋)

世界海陆分布

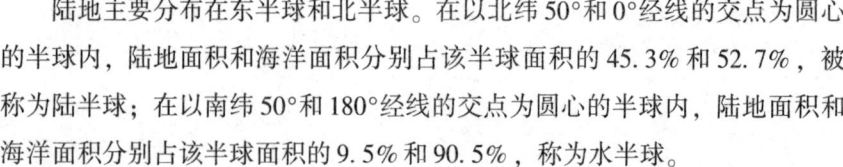

陆地主要分布在东半球和北半球。在以北纬50°和0°经线的交点为圆心的半球内，陆地面积和海洋面积分别占该半球面积的45.3%和52.7%，被称为陆半球；在以南纬50°和180°经线的交点为圆心的半球内，陆地面积和海洋面积分别占该半球面积的9.5%和90.5%，称为水半球。

地球表面的陆地分为6大块，按面积大小依次为亚欧大陆、非洲大陆、北美大陆、南美大陆、南极大陆和澳大利亚大陆。地球上的大陆及其附近的岛屿组成大洲。地球上共有七大洲，按面积大小依次为亚洲（4400万平方千米）、非洲（3024万平方千米）、北美洲（2422万平方千米）、南美洲（1797万平方千米）、南极洲（1400万平方千米）、欧洲（1016万平方千米）和大洋洲（897万平方千米）。

地球上广大的水面被大陆分成彼此相通的四大洋，按面积大小，依次为太平洋（1.79亿平方千米）、大西洋（9336万平方千米）、印度洋（7491万平方千米）和北冰洋（1310万平方千米）。

世界海陆分布的特点

世界海陆分布形势大致有以下特点：

（1）陆地主要集中于北半球，这里陆地占北半球总面积的2/5，并在中、高纬度地带几乎连成一片。在南半球，陆地面积占1/5，而且在南纬56°~65°地带几乎全是海洋。但是，北半球的极地是一片海洋，南半球的极地却是一块大陆。

（2）除南极大陆外，所有大陆都南北成对分布。北美大陆和南美大陆、欧洲大陆和非洲大陆、亚洲大陆和澳大利亚大陆，每对大陆之间都是地壳破裂地带，并形成较深的"陆间海"，其间岛屿众多，火山地震活动频繁。

（3）大部分大陆的轮廓都是北宽南窄，呈倒置三角形。亚欧大陆、非洲大陆、南美大陆和北美大陆都非常典型，澳大利亚大陆也具有北部较宽的特点，只有南极大陆例外。

（4）弧形列岛和较大的岛屿多位于大陆东岸。亚欧大陆、北美大陆和

澳大利亚大陆东岸都有一连串向东突出的岛弧，岛弧外侧为一系列深海沟。大陆西岸的岛屿则不成弧形排列，较大的岛屿也少，唯一例外的是不列颠群岛。

（5）大西洋东西两岸的轮廓非常相似，海岸线彼此几乎吻合，仿佛是由一块大陆分离开来似的。

世界陆地地形结构的特征

地球表面高低相差悬殊，形态变化多端。陆地地形通常分为平原、高原、盆地、山地、丘陵等类型。它们以不同的规模在各大陆上交互分布，共同构成表面崎岖不平的外貌。

陆地上的山地，有 2 条巨大的高山带：①环太平洋高山带，沿太平洋两岸作南北向分布，即纵贯美洲大陆西部的科迪勒拉—安第斯山系和亚洲及澳大利亚太平洋沿岸与东亚岛弧上的山脉。②略成东西向，横贯亚欧大陆中南部及非洲大陆北缘。其西部即阿尔卑斯山系及阿特拉斯山脉，进入亚洲后，与土耳其高原南北两侧的中脉、兴都库什山脉、喀喇昆仑山脉、喜马拉雅山脉等连为一体，又经中南半岛西部山地，一直延续到巽他群岛的南列岛弧和环太平洋高山带相接。两大高山带，是阿尔卑斯运动的产物，地势高峻、雄伟，多火山、地震。

陆地上的平原，一般分布在大陆的中部，其东、西两侧多被高山环绕，形成南北纵列的 3 大地形带，以美洲大陆为最显著，澳大利亚大陆也有类似的地形结构。但在亚欧大陆上，平原主要展现在东西向高山带以北，如中欧平原、东欧平原、西西伯利亚平原、土兰平原等；南面，平原多为大河冲积而成，并分布于高原之间，如美索不达米亚平原、印度河—恒河平原，以及我国的东北平原、华北平原、长江中下游平原等。

陆地上还广泛分布着大片隆起的高原，它们一般以前寒武纪古陆块为核心，地壳相对较稳定，地面起伏不大。如非洲大陆的高原，亚欧大陆的中西伯利亚高原、蒙古高原、阿拉伯高原、德干高原，南美大陆的巴西高原，澳大利亚大陆的西北部高原等。南极大陆与非洲大陆相似，也以高原为主，但上覆巨厚的冰层。此外，在陆地上还有一些镶嵌在年轻山脉之间的高原，地壳活动比较强烈，海拔较高，地面起伏也很大，如青藏高原、安纳托利亚高原、伊朗高原，以及分布于科迪勒拉—安第斯山系中的一些山间高原等。

♥ 四大洋的基本情况

　　太平洋、大西洋、印度洋和北冰洋是相互通联的，它们的划分大致是太平洋东以巴拿马运河和通过南美洲南端合恩角的西经67°经线（往南直抵南极大陆）与大西洋分界；西以马六甲海峡和通过塔斯马尼亚岛最南端的东南角的东经146°经线（往南直抵南极大陆）与印度洋分界，太平洋北以白令海峡与北冰洋分界。大西洋东以苏伊士运河和通过非洲最南端的厄加勒斯角的东经20°经线（往南直抵南极大陆）与印度洋分界；北以挪威最北端的诺尔辰角，经斯匹次卑根群岛东南端、冰岛，

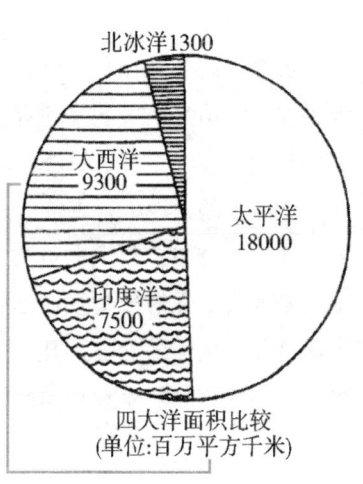

四大洋面积比较
（单位:百万平方千米）

四大洋面积比较

横穿丹麦海峡至格陵兰岛南端的费尔韦尔角，沿戴维斯海峡南边，最后达拉布拉多半岛的伯韦尔港一线和北冰洋为界。四大洋一般特征的基本地理数据如下表所示：

世界大洋基本情况表

	太平洋	大西洋	印度洋	北冰洋	总　计
面积（万平方千米）	17967.9	9439	7491.7	1230	36110.6
体积（万立方千米）	72374.7	33352.3	29196.3	1700	136623.3
平均深度（米）	4028	3626	3897	1296	3704

（续　表）

	太平洋	大西洋	印度洋	北冰洋	总　计
最大深度（米）	10924[1] （马里亚纳海沟）	9218 （波多黎各海沟）	9074 （阿米兰特海沟）	5449 （利特克海沟）	10924
水面平均温度（℃）	27～29 （赤道附近）	25～27 （赤道附近）	20～26	-1.7 （大部分海域）	
盐度（‰）	33～35	34～37.5	34.81	30～32	

①见 1984 年 11 月 28 日《解放军报》，中国赴南极考察队测得的数字。

太平洋概况

太平洋是世界上最大的洋，面积 17968 万平方千米，约占地球总面积 1/3。北部以白令海峡为界；东南部经南美洲火地岛抵南极洲。西南部与印度洋分界线为：从苏门答腊岛经爪哇至帝汶海，经帝汶海至澳大利亚伦敦德里角，再从澳大利亚南部经巴斯海峡，由塔斯马尼亚岛直抵南极大陆。洋中岛屿众多，北部和西部分布着一系列大陆岛，有日本群岛、加里曼丹岛、伊里安岛；中部有很多星散的海洋岛，包括火山岛和珊瑚岛。北半部有巨大海盆，西部有多条岛弧，岛弧外侧有深海沟，其中马里亚纳海沟深 10924 米，为世界已知最深点。

北部和西部边缘海有觉阔大陆架。全球约 85% 活火山和 80% 地震集中在太平洋地区，尤以西岛弧更为剧烈。海洋资源丰富，盛产鲱鱼、鲑鱼、金枪鱼等。矿产资源有砂锡矿、金红石、铁、钛、铁矿、海底煤矿、铂金砂等。海底石油，尤以西部和西南部各边缘海海域最丰富。深海盆地也有大量锰结核矿。

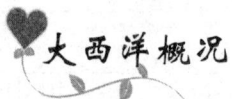

大西洋概况

大西洋是世界第二大洋，面积9336万平方千米，位于欧洲、非洲与南北美洲之间，南面是南极洲，北以冰岛附近的威维亚·汤姆孙海岭同北冰洋分开，西南以通过合恩角的经线（西经67°）与太平洋分开，东南以通厄加勒斯角的经线（东经20°）与印度洋分开。洋面狭长，略呈"S"型。平均深度3626米。

大西洋以赤道为界分为北大西洋和南大西洋。北大西洋海岸曲折，属海和岛屿众多，主要属海有加勒比海、墨西哥湾、圣劳伦斯湾、哈得孙湾。南大西洋的海岸线比较平直，岛屿较少。洋中主要大陆岛有大不列颠岛、爱尔兰岛、冰岛、纽芬兰岛、大安的列斯群岛等。

大西洋底有一条纵贯南北、呈"S"型的海岭，称为大西洋中脊。中脊两侧分布着宽广的深海盆。大洋西北部和东南部海域为主要渔场，盛产鲱鱼、鳕鱼。在南极大陆附近捕鲸业很盛。洋底有丰富的锰结核矿。在非洲西南部海岸外海底有大量金刚石砂矿。北海和墨西哥湾藏有丰富的石油和天然气。

大西洋航运发达，国际航线纵横交错，联系欧、非和南北美各洲的沿海国家。由大西洋穿巴拿马运河或麦哲伦海峡，经太平洋可达大洋洲和东亚各地，过地中海或苏伊士运河或绕好望角可抵印度洋沿岸各国。沿岸港口众多，圣彼得堡、汉堡、伦敦、开普敦、马赛、纽约、休斯敦和布宜诺斯艾利斯等是主要港口和重要城市。

印度洋概况

印度洋是世界第三大洋，位于亚洲、大洋洲、非洲和南极洲之间，面积7363平方千米，平均深度3890米。与大西洋相邻，分界线为从非洲南端厄加勒斯角向南、沿东经20°线直抵南极大陆。与东太平洋分界线为：东南部从塔斯马尼亚岛东南角向南至南极大陆，东北部分界线大致从苏门答腊岛经爪哇岛至帝汶海，再经帝汶海至澳大利亚伦敦德里角。贯通亚洲、非洲、大洋洲交通要道。向东，通过马六甲海峡可进入太平洋；向西，绕非洲南端可达大西洋；西北过红海、苏伊士运河，达地中海。

印度洋的属海较少，内海有红海和波斯湾，边缘海有西北部阿拉伯海、东北部安达曼海、东部帝汶海和阿拉弗拉海。海湾有西北部亚丁湾和阿曼湾、东北部有孟加拉湾、澳大利亚北面卡奔塔利亚湾、南面大澳大利亚湾。在南极海域也有属海。海岸线除北部比较曲折以外，大部分平直、少岛屿。大陆岛有马达加斯加岛、斯里兰卡岛、索科特拉岛，还有塞舌尔群岛；火山岛有科摩罗群岛、马斯克林群岛等；珊瑚岛有马尔代夫群岛。大陆架一般比较狭窄，但阿拉伯海、它达曼海、孟加拉湾和大澳大利亚湾的大陆架较宽。海洋资源丰富，波斯湾、红海、巴斯海峡、西澳大利亚等海区的石油、天然气最为突出，此外还有金红石、金刚石、磷灰结核矿、锰结核矿等。鱼类以飞鱼、灯笼鱼、金枪鱼、旗鱼、鲨鱼等最著名。

北冰洋概况

北冰洋古称北极海或北冰海，这一名称源于希腊语"正对大熊星座的海洋"之意。1650年荷兰地理学家瓦烈尼乌斯认定它为独立的海洋，1845年在伦敦地理学会上被正式命名为北冰洋。

北冰洋是地球上最小的洋。大致以北极为中心，介于亚洲、欧洲和北美洲的北岸之间，经白令海峡通太平洋，以威维亚·汤姆孙海岭与大西洋分开。总面积1230万平方千米，占海洋总面积3.6%，体积1700万立方千米，占海洋总体积的1.24%。北冰洋的水平轮廓近乎一半封闭性的地中海，海岸十分曲折破碎。岛屿的数量和面积仅次于太平洋居第二位，有世界第一大岛格陵兰岛，加拿大的北极群岛是世界第二大群岛。

北冰洋是深度最浅、大陆架面积宽广的一个大洋，平均水深1296米（一说1117米），最大深度为5449米（斯匹次卑尔据群岛北，低于北纬82°23′、东经19°31′的利特克海沟），水深不足200米的面积约440万平方千米，约占总面积的35.8%；水深超过3000米的面积仅占15%（其中4000

米以上的只占 2. 17%）。

北冰洋表面温度大多在 -1.7℃左右，大部分海面常年冻结。但来自北大西洋的暖流，因盐度较高，下沉至深度 100～250 米到 600～900 米处，形成中间温水层，温度在 0℃～1℃之间。海洋生物主要有海象、海豹、鲸、白熊等。大陆架中蕴藏丰富的石油。

亚洲概况

亚洲全称亚细亚洲。位于东半球东北部，北、东、南三面分别临北冰洋、太平洋和印度洋，西靠地中海和黑海。西以乌拉尔山脉、乌拉尔河和高加索山脉、黑海海峡与欧洲分界；西南以苏伊士运河、红海与非洲相邻；东北部隔白令海峡与北美洲相望；东南以帝汶岛和澳大利亚之间的海面与大洋洲分界。亚洲的特点如下：

（1）面积最大，达 4438 万平方千米，约占世界陆地面积的 30%。

（2）人口最多，占世界人口 1/2 以上。居民主要是黄种人，次为白种人、黑种人。是所有世界性宗教诞生地，包括佛教、基督教、印度教、伊斯兰教等。

（3）地势较高大陆，平均海拔约 1000 米，地势高低悬殊。山地、高原约占全洲面积 3/4，地势中部高，四周低。号称"世界屋脊"的青藏高原和帕米尔高原巍峨突出，雄踞中部，向西有伊朗高原，向南有德干高原，向北有蒙古高原。在青藏高原和帕米尔高原的外围，耸立着世界最高的珠穆朗玛峰，海拔 8848.13 米。

（4）有世界最低洼地——死海，湖面低于地中海海面 392 米。

（5）有世界最深陆沟——贝加尔湖，深 1620 米，湖底低于海平面 1295 米。

（6）全境从北到南跨寒、温、热三带。最北部为寒带，终年严寒，降水稀少。东部为温带季风气候，夏季高温多雨，冬季寒冷干燥。中部和西部是温带大陆性气候，降水少，多沙漠，冬夏季昼夜气温变化较大。南部热带地区终年炎热，有热带季风气候和热带雨林气候。

（7）大河多发源于中部山地，向东流入太平洋的有黑龙江、黄河、长江、湄公河等；向南流入印度洋的有萨尔温江、恒河、印度河等；向北流入北冰洋的有鄂毕河、叶尼塞河、勒拿河等。

（8）森林资源丰富，北部大部分地区覆盖着针叶林，印度东北部、缅甸、泰国、马来西亚有大面积的热带、亚热带森林，出产柚木等名贵木材。

（9）矿藏种类多，储量大，主要有煤、石油、铁、钨、锡、锰、铜、铅、锌和云母等，其中煤和石油的储量占世界总储量的60%左右。

（10）盛产稻米、小麦、棉花、天然橡胶、大豆、茶叶、蚕丝、黄麻、椰子等。日本海东北海域为世界著名渔场。

（11）共有40个国家和地区，除日本外，其他国家都属于发展中国家，经济以农业和采矿业为主，制造业较落后。多数国家人口增长率在2.5%～3.5%之间；如何对付人口问题的挑战，直接关系到今后经济发展的前途。

❤ 大洋洲概况

大洋洲指赤道南北和西南太平洋上的岛屿和大陆，介于亚洲和南北美洲之间。包括澳大利亚、新西兰、新几内亚，以及密克罗尼西亚、波利尼西亚和美拉尼西亚三大弧状岛群，陆地面积约892万平方千米。除澳大利亚南部和新西兰属温带气候，澳大利亚内陆有热带沙漠气候外，大部分处于南北回归线之间，属热带海洋性气候。年平均温度20～28℃，冬夏温差不超过51℃。西部岛屿降水较多，在3000～4000毫米之间。植物繁茂，除部分珊瑚岛外，广泛分布着热带森林，产有白檀木、红木等贵重木材。矿产资源丰富，主要有煤、铁、铝土、镍、铀、金、铬、磷灰石、石油等。

❤ 非洲概况

非洲全称阿非利加州，是仅次于亚洲的世界第二大洲。面积3030万平方千米，占世界陆地面积的1/5。东临印度洋，西濒大西洋，北隔地中海与欧洲相望。东北以苏伊士地峡与亚洲分界。东西最大宽度为7500千米，南北最大长度为8000千米。海岸线比较平直，很少半岛和海湾，大陆整体性明显。

沿海岛屿东南方有马达加斯加岛、科摩罗群岛、毛里求斯岛和留尼旺岛；东边有塞舌尔群岛；西北有亚速尔群岛、马德拉群岛和加那利群岛；西边有佛得角群岛、比热戈斯群岛、费尔南多波岛、圣多美和普林西比岛等；西南有阿森松岛、圣赫勒拿岛等。

整个大陆是一个由东南向西北倾斜的大高原，可分为东南和西北两大部分。东南部包括埃塞俄比亚高原、东非高原和南非高原，大部分地区海拔在1000米以上。东非高原上有一条大裂谷地带，从亚洲西部的约旦河谷向西南延伸，经红海进入非洲。西北部包括尼罗河盆地、刚果盆地、乍得湖盆地、尼日尔盆地和撒哈拉大沙漠。

非洲地处北纬37°～南纬35°之间，赤道横贯大陆中部，形成南北对称气候带；赤道地区为热带雨林气候，向两侧依次为热带草原气候、热带沙漠气候和地中海式气候。干燥是非洲气候主要特征，全洲约1/3地区年平均降雨量在200毫米以下。河流多发源于赤道附近的多雨地区，穿过高原、山地，分别流入周围海洋。有许多急流瀑布，其中赞比西河上游的维多利亚瀑布（莫西奥图尼亚瀑布）驰名世界。非洲主要河流有尼罗河、尼日尔河、刚果河、赞比西河和奥兰治河等。东非大裂谷带内分布有许多湖泊。矿产资源丰富，主要有煤、石油、天然气、铀、镭、钍、钴、铜、铝土、黄金、金刚石和磷酸盐等。

欧洲概况

欧洲全称欧罗巴洲，位于东半球的西北部，北临北冰洋，西濒大西洋。东以乌拉尔山脉、乌拉尔河、里海、高加索山脉、黑海海峡与亚洲分界；南与非洲隔地中海相望；西北隔格陵兰海、丹麦海峡与北美洲相对。是亚欧大陆伸入大西洋中的一个大半岛。面积1060万平方千米，约占世界陆地总面积的6.8%，为世界第六大洲。大陆海岸线长3.79万平方千米，是世界海岸线最曲折的一个洲。多半岛和岛屿，主要有斯堪的纳维亚半岛、伊比利亚半岛、意大利半岛和巴尔干半岛以及冰岛、不列颠岛、爱尔兰岛、科西嘉岛、撒丁岛、西西里岛、克里特岛、马耳他岛等。

地形总特点是冰川地形分布较广，高山峻岭汇集南部。南部横亘有欧洲最大的山脉——阿尔卑斯山脉，其主干向东伸展为喀尔巴阡山脉，向东南延伸为狄那里克阿尔卑斯山脉，向南延伸为亚平宁山脉，向西南延伸为比利牛斯山脉；东部欧亚两洲交界处有乌拉尔山脉；东南部高加索山脉的主峰厄尔布鲁士山，海拔 5642 米，为欧洲最高峰；北部有曾受古代冰川侵蚀的斯堪的纳维亚山脉。这些山脉之间多为平原和丘陵，主要有东欧平原、波德平原（又称中欧平原）和西欧平原，平原面积约占全洲面积 60%。全洲平均海拔 300 米，是平均海拔最低的一个大陆。

里海北部沿岸低地海拔为 - 28 米，是全洲最低点。南部地区和北欧的冰岛是世界上多火山、多地震地区之一，属大西洋—地中海—印度洋沿岸火山带的一部分。绝大部分地处北温带，常年多西风。西北部受北大西洋暖流影响，冬温夏凉，为典型的海洋性气候；东部地区冬冷夏热，属温带大陆性气候。自然植被西部以温带阔叶林占优势，南部地中海沿岸有油橄榄树、栓皮栎等亚热带植物，东北部有广大的针叶林。全洲河网稠密，外流河注入大西洋和北冰洋，内流河多注入里海。著名河流有伏尔加河、多瑙河、莱茵河、塞纳河和泰晤士河等。湖泊面积约占全洲总面积 2% 弱，多为冰川作用形成。

矿产资源比较丰富，主要有煤、铁、石油、天然气、钾盐、铜、铬、铅、锌、汞和硫黄等。森林面积约占世界森林总面积的 23%，其中俄罗斯占世界 19%，盛产云杉、银松、橡树、山毛榉和栓皮栎等。草原面积约占世界草原总面积的 15%。可开发的水力资源约占世界的 18%。沿海有广阔的渔场，著名渔场有挪威海、北海、巴伦支海、波罗的海和比斯开湾等，盛产鳕、鲱、鲭、鲲、沙丁鱼和金枪鱼等。全洲人口 7.7 亿，约占世界总人口 15.9%，是人口密度最大的一洲。绝大多数居民是白种人（欧罗巴人种）。共有 34 个国家和地区。这里是资本主义经济发展最早的一个洲，工业生产水平和农业机械化程度均较高。生产总值，居世界各洲首位，其中工业生产总值占比重很大。大多数国家粮食不能自给。

北美洲概况

北美洲北濒北冰洋，南滨墨西哥湾，东、西分别面临辽阔的大西洋和太平洋；东北隔格陵兰海、丹麦海峡与欧洲相望，西北隔白令海峡与亚洲相对。大陆东、西两个极点是拉布拉多半岛上的查尔斯角（西经55°40′，北纬52°13′）和阿拉斯加半岛上的威尔士角（西经168°05′，北纬65°35′）。本大陆北部伸入北极圈，最北点是布西亚半岛的默奇森角（北纬71°59′），而格陵兰岛的莫里斯·杰苏普角（北纬83°39′）是北半球陆地最接近极地的地方；大陆最南端为塞布尔角上的东角（西经81°05′，北纬25°07′）。

北美洲的这种地理位置，同亚欧大陆非常相似，它纬向延伸很广，几乎穿越了北半球除赤道带以外的所有气候带，南北各地地面受热状况有很大差异，这就决定北美洲气候类型多样性。又由于北美渊大陆轮廓北宽南窄，略呈一倒置梯形，大陆的大部分面积位于北纬30°～70°之间，其中北纬50°～70°最为宽广，因此，北美洲主要属温带和亚寒带气候型，尤以亚寒带大陆性气候占优势。北纬30°以南，因面积不大，亚热带气候型所占面积很小。

北美洲东西均临大洋，因而使东西岸的气候类型完整而有规律地南北更替，只是由于北美大陆的面积比亚欧大陆小，冬夏海陆热力差异的程度没有亚欧大陆大，因而北美大陆东部不具备亚洲东部那样典型的季风气候。

南美洲概况

南美洲位于西半球的南部，除大陆西北通过狭窄的巴拿马地峡与北美洲相连外，均为大洋所环抱。东濒大西洋，北滨加勒比海，西临太平洋，南隔德雷克海峡与南极洲相望。

南美大陆北宽南窄，略似三角形。北部瓜希腊半岛顶端的加利纳斯角，位于北纬12°25′，是大陆的最北点；大陆最南端是面临麦哲伦海峡的弗罗瓦德角，位于南纬53°54′；而火地群岛最南部的合恩角（位于合恩岛上）则达南纬55°59′。大陆东、西两个极点分别是巴西东端的布兰科角和秘鲁西北端的帕里尼亚斯角，它们所处的经度分别为西经34°46′和西经81°20′。该洲南北跨66~68个纬度，最长距离达7150千米；但大陆的主要部分位于北纬10°至南回归线之间的热带范围内，南纬5°是大陆最宽处，达5150千米。南回归线以南，大陆显著收缩，南纬40°处大陆宽仅600~700千米，南纬50°~55°之间则在400千米以下，因此南美洲属亚热带和温带纬度的地区相当有限。

纬度位置决定着一地区的太阳辐射状况、在大气环流中的地位以及环流气团的特性等。南美洲的地理位置及其大陆形状，决定了热带气候类型在该洲占绝对优势，特别是赤道多雨气候和热带干湿季气候范围最广。年获得的太阳辐射总量为140~160千焦/平方厘米，辐射平衡常年处于正值；在全球行星风系中，主要隶属于东北信风带和东南信风带与赤道辐射上升带。加以南美洲除西北隅与中美地峡相连外，均为大洋环抱，所以信风来自大洋，以盛行湿润海洋气团为主，造成南美洲热带领域内几乎不存在像非洲撒哈拉那样的大陆性沙漠。这是南美洲气候具有温暖性和湿润性特点的重要原因之一。南美洲自南回归线以南，大陆显著变窄，至南纬52°已近大陆尾闾，这不仅使亚热带和温带气候类型大大局限，而且缺乏水平地带的亚寒带大陆性气候，更无极地长寒气候和极地冰原气候。

南极洲概况

南极洲包括南极大陆及其附近的陆缘冰和岛屿，总面积14051万平方千米，占地球陆地面积的9.4%，大于欧洲、大洋洲，是世界第五大洲。总面积中，南极大陆为1239.3万平方千米，环绕大陆及岛屿的陆缘冰面积158.2万平方千米，岛屿面积为7.6万平方千米。

南极洲位于地球最南端南极的周围，绝大部分在南极圈内，是纬度最高的大洲。由于纬度高，太阳高度角小，对形成南极洲严寒气候关系很大；同时也使该洲大部分地区出现极昼、极夜现象，而且愈近南极点，极昼、极夜的时间愈长。

另外，南极洲四周被浩瀚的太平洋、印度洋和大西洋所包围，远离其他大陆，距澳大利亚约3500千米，离非洲约4000千米，而距亚、欧、北美洲皆在10000千米以上；南极半岛与南美洲的火地岛距离最近，也有970千米之遥。因此，在地理位置上，南极洲又是世界最孤立的一洲；但在未来的空间交通上，它将是联系南美洲、非洲及澳大利亚大陆的捷径。南极大陆的水平轮廓活像一个蝌蚪，其头部为东南极洲，尾巴是西南极洲。东南极洲大部分濒临印度洋，轮廓完整，大体呈半圆形，面积约占大陆面积的3/4；西南极洲面对太平洋和大西洋，轮廓破碎，海岸曲折，包括南极半岛和爱德华七世半岛，半岛外围有好多边缘海，其间散布着许多岛屿与群岛。

地理环境的整体性和差异性

地理环境，通常是指环绕人类社会的自然界，又称自然环境或自然地理环境。它是由地貌、气候、水文、植被、土壤和动物界等要素组成。地理环境的整体性是指地理环境各组成要素和各组成部分之间的内在联系性。它们相互联系，相互制约，从而形成一个整体，这一要素影响另外要素，这一部分影响另一部分。如赤道附近的低平地区，由于获得的太阳热最多，形成高温多雨气候，从而为热带植物的生长创造了有利的条件，而多样的植物和丰富的果实，又为多种多样的动物提供了充足的食物来源。这种组成地理环境各要素之间的内在联系，就构成赤道低平地区地理环境的整体性。又如南美洲安第斯山东西两侧同纬度地区地理环境有明显差异，这一整体乃是由于安第斯山这个要素起了重要的作用。

但是，作为整体性的地理环境，它的各个地区的形态和结构并不相同，总是有规律地因地而异，通常表现为地带性差异和非地带性差异。

（1）地带性差异主要指陆地上的自然带，沿纬线方向成一定宽度延伸，并按南北方向更替的带状规律性。地带性差异的成因，主要是由于地球是一个椭球体，太阳辐射在地球表面的分布不均匀，产生了沿纬向分布的热量带。热量分布的地带性，影响着水分的分布，各个地带不同的热量和水分条件，又形成不同的气候特征。在地球上的气压带和风带的影响下，气候也是按地带分布的。气候影响植物，而植物与动物又有密切关系，因此，不同的气候带就有不同的植物带和相应的动物界。这样，在整个大陆上形成一系列按纬向分布、南北更替、各个地理要素相互联系的自然带。

（2）然而在世界大陆上，很少能找到整齐地按照地带性因素形成并分布的地理环境，它们在地形、海陆分布、洋流等非地带性因素的影响下，改变了自然带东西方向水平分布的规律，而表现为垂直地带性或经向地带性的分布和呈地方性分布。这种差异，不是因纬度高低而产生的，故叫非地带性差异。

经向地带性是非纬向地带性的一种表现，是指自然地理现象近于南北延伸、东西更替的带状分布规律。由于海陆分布、洋流、山脉南北走向等造成的大气湿度、降水等因素自海洋向内陆递变，从而引起的自然地理特征东西变异。垂直地带性，一般指高山地区自然地理现象随着高度而递变的规律性。

陆地自然带的分布规律

陆地自然带的分布主要有以下的基本规律：

（1）纬度地带性。各自然带大致沿纬线方向延伸成一定宽度的带状排列，并按经线方向有规律的南北更替的变化。纬度地带性的产生，主要是太阳辐射受地球形状的影响，从赤道向两极递减的结果。不同纬度的地带，不仅热量条件不同，而且水分条件也有差异，因此形成了不同的植被和自然景观。

（2）经度地带性。自然带从大陆滨海地区向内陆逐渐更替，大体上与经线相平行伸展呈条带状。它的产生主要受水分条件的影响，同时也必须具备一定的热量条件。

（3）垂直地带性。在高山地区，从山麓到山顶水热条件随高度的增加而变化，这种垂直的气候变化影响到生物、土壤也相应发生垂直变化，因

此形成山地的垂直自然带。对某个具体的山地来讲，它总是处在一定的纬度带内，因此纬度地带性也必然给它打下烙印。此外，山体的高度、走向、坡向以及海陆位置等也对垂直地带性变化有重要影响。

（4）非地带性。在地球表面，海陆分布、地形起伏等不具备地带性规律，称之为非地带性因素。在它的影响下自然带的地带性分布规律遭到破坏，变得很不完整或不很鲜明，使自然环境更加复杂多样。如在北纬50°～70°的大陆上是东西延伸的针叶林，而南纬50°～70°之间由于大部分是海洋，因而没有亚寒带针叶林的分布。南美安第斯山南段的西侧是多雨的温带森林，而同纬度的山脉东面却是干燥的巴塔哥尼亚沙漠。

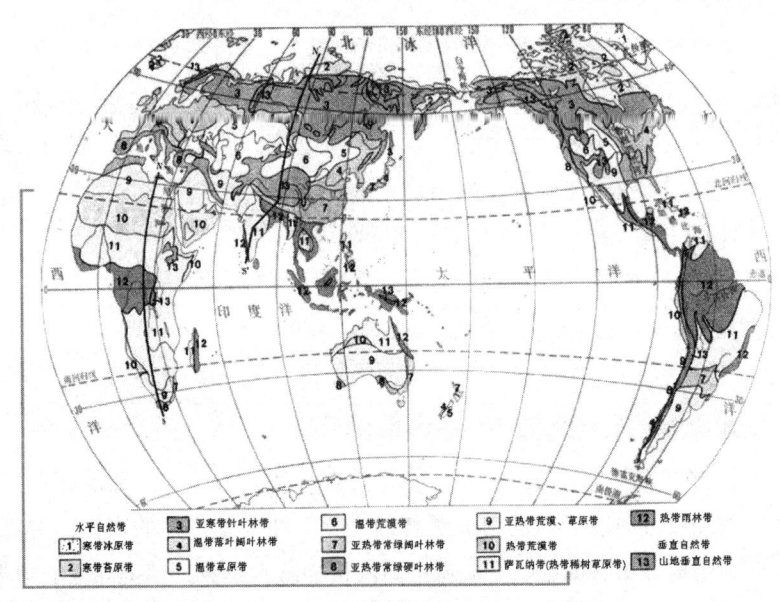

自然带的分布

从以上可以看出，地球上陆地自然带的分布受多种因素的影响，受各方面规律的支配，其中热量条件是最基本的。在纬度地带性的基础上，又叠加上经度地带性、垂直地带性和非地带性诸方面的作用，使得自然带的分布既有一定的规律，又错综复杂。

低纬度地区的自然带类型

纬度自然带的存在早已为研究者们所承认，但关于地球陆地自然带的划分原则和数量，尚无统一的意见。这里所引用的地球陆地自然带，反映了大多数学者所划分的地带，每一自然带的典型和最富有表现力的特征是植被类型，因而这也反映在这个自然带的名称及其特征的描述上。

（1）热带雨林带。分布于赤道带的湿润大陆地区和岛屿上，如亚马孙平原、刚果盆地和东南亚的岛屿。本带气候属于赤道多雨类型，终年高温，各月平均气温在25℃以上；降水充沛，年降水量在2000毫米左右。整个环境过度湿润，适于热带雨林生长。这里树种繁多，乔木高大，常绿浓密，林冠排列多层，林内藤本植物纵横交错，附生植物随处可见。林中动物以鸟类和猿猴目为活跃。林下的风化壳上，发育着热带的砖红壤。

（2）热带稀树草原带。位于热带雨林带的两侧，在非洲和南美洲有着广泛的分布，而在澳大利亚、中美洲和亚洲的相应地带分布不广。本带气候属于热带干湿季分明的类型，最大的特征是一年中有长达4个月以上的干季。热带稀树草原也称萨王纳群落，主要是由高大的禾本科植物所构成，在草本植被中间，零星地分布着成片的乔木或独株的乔木，如非溯的波巴布树、南美洲的纺锤树等，它们具有能储藏大量水分的旱生构造。热带稀树草原的季相变化非常明显，雨季草木繁茂，干季草原呈现一片黄褐景色。善于疾驰的食草动物在这里得到了很好的发展，食肉动物也很丰富，如斑马、长颈鹿、犀牛、羚羊、狮、豹等。茂密的草本植物引起生草过程的发育，因此土壤中进行着腐殖质、氮和灰分养料元素的积聚，形成红棕色土。

（3）热带沙漠带。此带位于副热带高压带和信风带的背风侧，在北非的撒哈拉、西南亚的阿拉伯半岛、北美的西南部、澳大利亚的中部和西部、南非及南美部分地区表现明显。气候属于全年干燥少雨的热带干旱与半干旱类型，植被贫乏，有大片无植被的地区。植物以稀疏的旱生灌木和少数草本植物以及一些雨后生长的短生植物为主。动物种类和数量都很少，成土过程进行得十分微弱，形成沙漠土。

# 中纬度地区的自然带类型

（1）亚热带常绿硬叶林带。分布在南北纬 30°～40° 之间的大陆西部，如地中海沿岸、非洲大陆的西南端、澳大利亚大陆的西南沿海、北美洲的加利福尼亚沿海地区以及南美洲西部的智利中部。本带气候属亚热带夏干型，主要形成常绿硬叶林带，以常绿灌丛林为主，发育着褐色土。

（2）亚热带常绿阔叶林带。分布在南北纬 25°～35° 之间的大陆东部，如我国的长江流域、日本的南部和美国的东南部、澳大利亚的东南部、非洲东南部以及南美洲的东南部。气候属于亚热带季风气候和亚热带湿润气候，常绿阔叶林（又称照叶林）是这里的主要植被，发育着亚热带的黄壤和红壤。

（3）亚热带沙漠草原带。本带处在热带沙漠和亚热带森林带（包括亚热带常绿硬叶林带和亚热带常绿阔叶林带）之间，在北半球位于热带沙漠带的北缘；南半球则出现在澳大利亚的南部以及非洲和南美洲南部的部分地区。气候属于亚热带干旱与半干旱类型。随着由热带沙漠向纬度较高地区推进，年降水量有所增加，但最大降水量常在低温时期，夏季则高温、少雨，使本带干旱、缺水。植被类型属于沙漠草原，通常生长有旱生灌木及禾本科植物，在较湿润的季节里有短生植物的生长，土壤属于半沙漠的淡棕色土。

（4）温带阔叶林带。又称夏绿阔叶林带，主要分布于温带大陆的东部和西部（中部是草原、沙漠草原和沙漠）。亚洲东部的夏绿林，包括我国东北和华北、日本群岛、朝鲜半岛、俄罗斯的堪察加半岛和萨哈林岛等地区，受温带季风气候影响，阔叶树种类成分较欧洲丰富，有蒙古栎、辽东栎以及槭属、椴属、桦属、杨属等组成的杂木林。欧洲西部的夏绿林受温带海洋性气候影响，往往形成单一树种组成的纯林，如山毛榉林、栎林等。北美洲夏绿林分布在五大湖以南，直到阿巴拉契亚山脉、密西西比河流域和大西洋沿岸低地，这里主要是温带大陆性湿润气候，植被以美洲山毛榉和糖槭组成的山毛榉林为主。温带阔叶林的土壤主要为棕色森林土、灰棕壤

和褐色土。动物种类比热带森林少，但个体数量较多，主要以有蹄类、鸟类、啮齿类和一些食肉动物为最活跃。

（5）温带沙漠带。本带主要分布在亚欧大陆中部和北美大陆西部的一些山间高原上，以及南美大陆南部的东侧。气候属于温带大陆性干旱类型。这里植被贫乏，只有非常稀疏的草本植物和个别灌木；土壤主要是沙漠土。

（6）温带草原带。从东欧平原的南部到西伯利亚平原的南部，这是一条东西走向很宽的温带草原带；北美洲中部和南美洲南部的温带草原，由于一系列非地带性因素的影响，改变了呈东西向带状的分布形式。温带草原的气候属于温带大陆性半干旱类型，植被以禾本科植物为主；土壤主要是黑钙土和栗钙土；啮齿类（如黄鼠、野兔）、有蹄类和一些食肉动物（如狼、狐等）是温带草原的主要动物。

高纬度地区的自然带类型

（1）亚寒带针叶林带。主要分布在北半球大陆中、高纬度地区，约在北纬50°～70°之间，如亚欧大陆北部和北美大陆的北部，呈宽阔的带状东西伸展。这里属于亚寒带大陆性气候，冬季十分寒冷，夏季温暖潮湿。形成了由云杉、银松、落叶松、冷杉、西伯利亚松等针叶树组成的针叶林带；发育着森林灰化土；动物界主要以松鼠、雪兔、狐、貂、麋、熊、猞猁等耐寒动物为多。

（2）苔原带。主要分布在亚欧大陆及北美大陆的最北部，以及北极圈内许多岛屿。这里气候严寒，冬季漫长多暴风雪，夏季短促，热量不足，土壤冻结，沼泽化现象广泛。这些环境条件，不利于树木生长，因而形成以苔藓和地衣占优势的、无林的苔原带；土壤属于冰沼土；动物界比较单一，种数不多，特有驯鹿、旅鼠、北极狐等，夏季有大量鸟类在陡峭的海岸上栖息，形成"鸟市"。

（3）冰原带。几乎占有南极大陆的全部、格陵兰岛的大部，以及极地的许多岛屿。这里全年小冰雪覆盖，气候终年严寒，最暖月的平均温度仅在某些地区高于0℃。植物非常稀少，仅在高出于冰雪之上的岩崖上，才有某些藻类和地衣的生长。冰原带的动物界也很贫乏，南极大陆没有陆生哺乳动物，仅在沿岸地区特有企鹅一类的海鸟；在北极诸岛上有时可以看到白熊和白狐；在南、北半球冰原带的海水中，有鲸和海豹等。

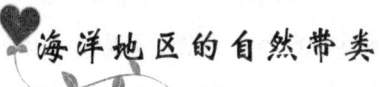

海洋地区的自然带类型

辽阔的海洋与陆地相比，其表面非常单一，表层的温度、盐度、水层动态及海洋生物的分布等也都有一定的纬向地带性，但由于海洋水体具有巨大的流动性，故地带性表现不如大陆明显，各自然带之间的界限只能大体确定，海洋自然带数目也较少。

海洋自然带的划分，仍以热量带为基础，生物群的分布也是划分海洋自然带的主要标志之一。根据冬季海洋表层水温的不同，分为冷水（小于0℃）、温水（0°～10℃）、暖水（10°～20℃）和热水（大于20℃）等4种类型。结合与海水温度、理化特征和水体运动密切联系的浮游生物的数量变化，可将世界海洋分为7个自然带。

（1）北极带。包括巴伦支海的大部分水面以外的北冰洋，以及北美东部纽芬兰到冰岛一线西北的大西洋部分。这里表层水温低，又因大陆冰冻期长，江河流入海洋的营养盐类不多，故海洋生物种数有限，仅在冰融化的边缘海域，才有浮游生物，并将一些鱼类和其他动物吸引到此处。其中具有经济价值的鱼类主要有北极鳕、白海鲱等；此外，还有鲸目动物（北极鲸或格陵兰鲸）以及海豹、海象、海鸥、海雀、海鹦等。

（2）北温带。北邻北极带，南至北纬40°左右的海域。这里终年受极地气团影响，虽然冬季表层水温较低，但盐度小，含氧量多，水体垂直交换强，水中营养盐类丰富，浮游生物很多，故使大量以浮游生物为饵料的鱼类得到繁殖、生长，成为世界重要渔场的分布区域。本带鱼类的种数远比北极带丰富，主要有太平洋鳕鱼、鲱鱼、大马哈鱼等，它在世界渔业经济中具有重要地位。哺乳动物中，在太平洋部分有海狗、海驴、海獭、日本鲸和海豚；在大西洋水域有比斯开鲸、白海海豚、海豹等。

（3）北热带。位于北纬40°到北纬10°～18°之间。全年受副热带高压带控制，广大海域水体垂直交换微弱，深层水的营养盐类不易上涌，浮游生物和有经济价值的鱼类都较少。但是，在受赤道洋流影响的海域，含有丰富营养盐类的深层水上涌，使浮游生物和鱼类得以繁殖，形成有价值的鱼类捕捞区。哺乳类动物很少，主要有抹香鲸。本带北部繁殖有多种浮游动物，南部有大量的珊瑚、海龟、鲨等。

（4）赤道带。位于北纬10°～18°和南纬0°～8°之间。处在赤道低压区，全年气温高、风力微弱、蒸发旺盛，加之有赤道洋流引起海水的垂直交换，使下层营养盐类上升，生物养料比较丰富，鱼类较多，主要有鲨、鳔等，飞鱼为赤道带典型鱼类。

（5）南热带。位于南纬0°～8°到南纬40°之间。本带由于高压特别强盛，致使热带位置向北推移，其他特征和成因均与北热带基本相同。

（6）南温带。大约处于南纬40°～60°之间，海洋生物的发育和生长条件与北温带相似。海生植物繁茂，巨型藻类生长极好，浮游生物丰富，是南半球海洋动物最多的地带。这里生活着几种南、北温带均可见到的动物类群，如海豹、海狗、鲸以及刀鱼、小鳀鱼、鳎鱼、鲨鱼等。冬季有南方的海洋动物在此越冬，夏季有热带海洋动物前来肥育。在非洲大陆西南和南美洲秘鲁沿海，因有上升流存在，把深层海水中丰富的营养盐类和有机物质带到海水表层，使浮游生物大量繁殖，因而鱼类非常丰富，成为南半球重要的捕捞区。

（7）南极带。位于南纬60°以南到南极大陆之间，全年盛行来自极地的东南风，水温很低。在短促的夏季，有温带的洄游鱼类来此肥育；南极海域有丰富的磷虾作为饵料，故有较多的鲸类；此外还有海豹、海狗、海驴和一些鸟类。它和北极带一样，生物种类较少，但个别种（如硅藻、磷虾和企鹅等）的数量很多。

地球上的水

地球上的水体占地球总面积的 2/3。大量的水体在太阳辐射作用下蒸发，上升后由空中气流将此带到各地，在水汽上升和输送的过程中遇冷凝结以降水的形式落到地面，部分汇成江河入海，部分渗入地下入海，这样往返循环的形式不断交替。下面主要介绍与地球上水相关的各种基础知识。

河流的形成

河流被人们誉为生命的源泉，人类文明的摇篮。河流是地表水在重力作用下，经常沿陆地面上呈线形凹地流动的水体。它不仅是水分循环的主要路径之一，而且是塑造地貌地形的主要因素。

雨水和地球表面的其他水分，都需要运走，担任这项运水工作的是大河与小溪。小溪流汇合而成大溪，大溪流汇合而成小河，小河汇合而成大河。

有许多河流注入了大海，但是也有些河流注入内陆湖。有些河流注入干燥的平原，一部分水被蒸发，一部分水被干旱的土壤吸收，于是河水越流越少，最后终于消失了。

河水有一部分是来自降雨，雨水沿着水道流入河床。也有些河水是来自融雪、融冰、泉水或湖泊。一条大河会有许多支流，也就是由许多支流构成一条大河。换句话说，支流注入主流而形成了河流。以美国的河流来说，俄亥俄河与密苏里河是两条大河，它们是更大的密西西比河的支流。

每一条支流，都有许多更小的支流。所以像密西西比河这样的大河，是由成千成万的大河、小河、大溪、小溪组成的。

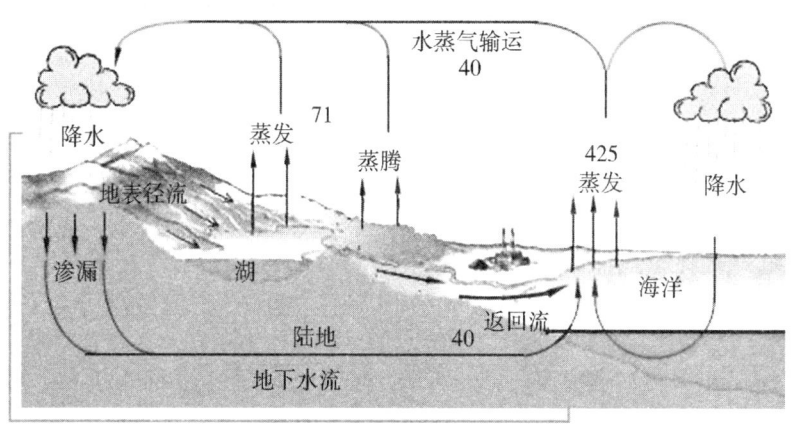

河流的形成

一条河流经过陆地的地区称为"流域"，或者"水域"。密西西比河大约有 6260 千米长，流域面积约为 200 万平方千米，亚马孙河大约有 6270 千米长，流域面积约为 438 万平方千米。

河水渐渐把泥土冲进河床，经过长久的岁月，使陆地受到极大的冲蚀，当你看到美国的大峡谷和德拉威峡谷的时候，就会明白河水冲蚀陆地的力量有多么大。

变老的河流

一位叫 W·M·台维斯的著名科学家认为，一条河谷形成和发育要经过3 个阶段即发展、成熟和衰老期（幼年期、壮年期和老年期）。这是地质周期的一个现象，称为水流的侵蚀周期（旋回）。

这类地质现象在偏远地比较明显，台维斯认为，在幼年期的发展阶段，许多河流从陡峭的地段急速下流，形成又深又窄的河谷。之后，这些被流水长期作用的河谷规模渐渐扩大起来，河道越来越宽，尤其在柔软岩石地带。在这个阶段，河流干流及其支流的作用已经对原来地表产生侵蚀，使其平坦，这就是所说的成熟阶段。

在老年期阶段，陆地状况受到了破坏，造成人们所称的准平原化——地势平坦但有轻微的倾斜。这些主要河流弯弯曲曲形成河曲，流入大海。那些劫后余生的丘陵就叫做残丘。这个老年期，可能要经历一段相当漫长的阶段才能结束。除了这些河曲之外，我们还能看到河床高出周围平原地平线的现象。

最长的河流

尼罗河全长 6600 千米，是世界第一长河；流域面积 280.2 万平方千米，在非洲居第二位；河口的平均流量 2200 立方米/秒，在非洲四大水系中是最小的。

尼罗河最上游叫卡格腊河，发源于东非高原上的布隆迪境内，北流经非洲最大的湖泊维多利亚湖，出维多利亚湖后称维多利亚尼罗河，出阿伯特湖（蒙博托湖）称阿伯特尼罗河；入苏丹境后称白尼罗河，至喀土穆与来自埃塞俄比亚高原的青尼罗河汇合后始称尼罗河；北流穿过撒哈拉沙漠，经埃及首都开罗后注入地中海。一共流经 9 个国家，是世界流经国家最多的河流之一。

尼罗河流经不同气候带，水位变化大，流量各段差异明显。上游流经赤道多雨区，全年有水，加上有维多利亚湖的调节，水量稳定而丰富，水清，故称白尼罗河；中游入加色尔盆地，地势低平，河道弯曲，水流漫溢为一片水草丛

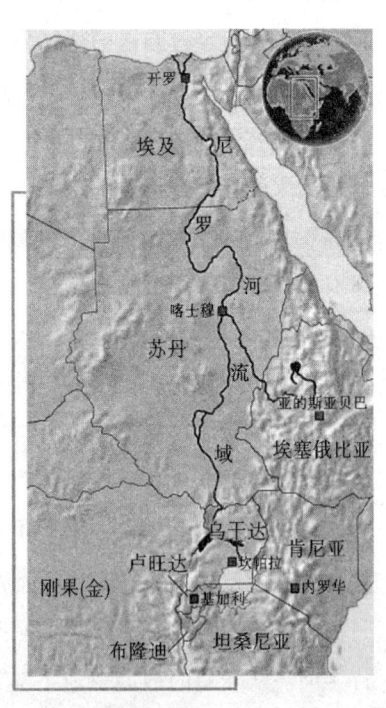

尼罗河流经国家示意图

生的热带沼泽地区，蒸发量大增，河水猛减；至喀土穆汇青尼罗河后，夏季水量大增，泥沙也多；至阿特巴拉汇黑尼罗河（阿特巴拉河）后即进入下游热带沙漠区，水量愈往下愈少，开罗以下形成南北长176千米、东西宽248千米，面积达23900平方千米的三角洲。埃及境内的尼罗河全年有水，夏季特大，其中70%来自青尼罗河，白尼罗河仅占13%；冬季则水量很小，其中80%来自白尼罗河。夏季河水常泛滥，给两岸和三角洲地区淤积了肥沃的土壤，成为沙漠中的绿色走廊，盛产的长绒棉驰名世界。

流经国家最多的国际河流

外流域河或内流域河流域面积属于2个或2个以上国家的河流称为国际河流。全世界约有200条国际河流，唯一流经国家超过10个的只有多瑙河。

多瑙河发源于德国西南部的黑林山，东经奥地利、捷克斯洛伐克、匈牙利、原南斯拉夫、罗马尼亚、保加利亚和俄罗斯等8个国家，注入黑海。另有支流300多条，一部分流经意大利、瑞士、波兰和阿尔巴尼亚。流域内包括欧洲12个国家全部、大部及一部分领土，多瑙河中游水流大，河水落差大，此处建有一座发电能力有210万千瓦的大型水电站，它的拦河大坝宏伟高大，有25层楼高。下游及河口处水流平稳，河面开阔，河水碧蓝，景色秀丽，所以有"蓝色的多瑙河"之美称。河流沿岸建有奥地利的首都维也纳、匈牙利的首都布达佩斯、原南斯拉夫的首都贝尔格莱德。

含沙量最大的河流

我国第二大河——黄河，是世界上含沙量最多的河流。全长5464千米，流域面积75万平方千米。黄河发源于青海巴颜喀拉山西段北麓的卡日曲河，流经青海、四川、甘肃、宁夏、内蒙、陕西、山西、河南、山东9省区，最后注入渤海。河中泥沙主要来自黄土高原。古籍中早有"黄水一石，含沙六斗"的记载。最大年输沙量可达43.9亿吨，年平均输沙量16亿吨。这些泥沙如是用 4 吨的卡车来运，每天运 1 次的话，得 110 万辆卡车运 1 年，这些泥沙有 4 亿吨沉积在河道里，有 12 亿吨被带入渤海，所以在河下游的花园口一带形成了世界闻名的"地上悬河"。而在入海口以 3 千米/年的速度向渤海推进，幸而渤海不断在下沉，不然的话，渤海早就被填平了。

最大的运河

我国大运河也称京杭运河。全长 1794 千米，相当于苏伊士运河的 10 多倍、巴拿马运河的 22 倍，所以是世界上最长的人工河。它北起北京、南止杭州，连接北京、天津、河北、山东、江苏、浙江 6 省市，沟通海河、黄河、淮河、长江、钱塘江五大水系。在历史上曾有 3 次大规模的修建。公元前 485 年，吴王夫差引长江水入淮河，称邗沟。公元 605 年起隋炀帝用 6 年时间开挖了以洛阳为中心，贯通南北的大运河，总长 2700 千米。元朝用 10 年截湾取直，开凿济州河和通惠河，缩短航道 906 千米，形成今日运河的规模。

洪水的形成

从远古开始，人类就有各种关于洪水的传说、神话记录，可见从古到今都有水灾的发生。原始人还故意定居在洪水经过的山谷——因为那里的土壤特别肥沃。

洪水是什么？就是河水冲过堤岸泛滥的一种情况。为什么会有洪水？暴雨使河里的水量过多，其他河流或水库的水大量注入河中，都可能引起洪水泛滥。

有些河水泛滥对人类很有益。埃及的尼罗河每年泛滥时，都把高地的泥土冲到沙漠中，带来了农业的繁荣。相反，中国的黄河泛滥却只会造成死亡和破坏。1935 年的黄河决堤，使得 400 万人无家可归。

洪水能事先预防吗？这可能很难办到，因为暴雨要来的话，挡也挡不住。但是人类对控制洪水已下了很大的工夫，也许将来能有预防洪水的一天。

地理知识全知道
DILI ZHISHI QUANZHIDAO

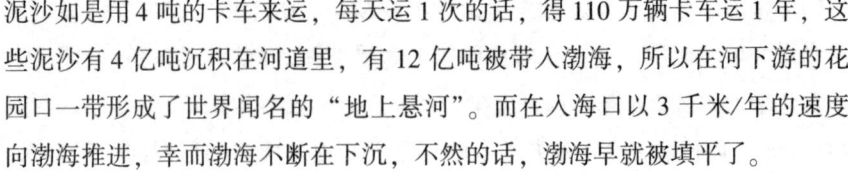

控制洪水的方法有 3 种：①在低洼地或河水聚积的地方修筑防洪堤。②挖掘紧急水道，如溢洪道等，把过多的水疏通到别处。③建筑大水库，先把洪水拦住，然而再将水慢慢导入大河中。

湖的形成

从空中瞭望大陆上的湖泊，犹如大地上的盏盏明灯。陆地上大小形状不同而充满水体的洼地称为湖泊。它是地球上陆地水的组成部分，总面积270万平方千米，约占陆地总面积的 1.8%，其中淡水占 9‰，咸水约占8‰。湖泊的形成是由于地质、地貌、气候，经流等因素综合作用下形成的。按湖盆的成因，可分内力和外力作用下形成。内力又分为构造湖、火山湖、堰塞湖。外力分为牛轭湖、溶蚀湖、冰川湖、风成湖等。按湖泊与径流的关系又可分吞吐湖（或排泄湖）和非吞吐湖。按盐度又可分为淡水湖、咸水湖。还有人工湖（水库）等。

湖盆的形成有数种方式。很多湖是由于地壳的断层或弯曲而形成的。北美的苏必略湖便是此例。有些湖是火山造成的，熔岩喷发会堵塞山谷河流的出口而形成湖盆。死火山的火山口有时充满了水，俄勒冈南部的火口湖便是此例。

还有很多湖的湖盆是由冰河侵蚀所形成的。美国的大湖区（苏必略湖除外）以及加拿大的温尼伯大湖便是由冰河形成的例子。

沿海地区，海岸有时会封闭海湾入海口的通路而暂时形成一个湖。一条河流的干流在泛滥的时候，会沉积淤泥而形成冲积平原，结果支流会因洪水而形成湖。有些地方，石灰岩埋在地下，地上的水会溶解掉一些石灰石，而出现大的坑洼成为湖盆。佛罗里达州就有很多这样的湖泊。

也有许多人工，切断河谷筑成水坝，阻塞河水而形成湖。如科罗拉多河上的哈佛水坝形成的密德湖。

♥ 最大的湖泊——里海

世界上第一大湖泊——里海，位于欧亚大陆的腹部，四面都是陆地环绕，在地理上属于湖泊。之所以称它为海，是由于它比一般的湖要大得多。里海的轮廓略呈"S"形，南北长约1200千米，东西宽约320千米，湖岸线总长7000千米，面积广达37.1万平方千米，相当于世界第二大湖——苏必利尔湖面积的4.5倍，比北美的五大湖总面积还大12万平方千米，是世界上长度超过1000千米的唯一的湖泊。最大深度1025米，比一般的湖要深得多。再者，由于它的水是咸的，因为这里气候干旱，蒸发剧烈，湖水不断下降，湖面不断缩小，含盐度达到13‰，也为世界上最大的咸水湖。里海具有十分丰富的石油、天然气、鱼虾等。

♥ 最深的湖泊——贝加尔湖

世界最深的湖——贝加尔湖，位于俄罗斯东西北利亚南部。我国古代称之为"北海"。湖泊平均深度为730米，最深达1620米，湖长636千米，平均宽48千米，最宽79.4千米，面积31500平方千米。如把山东的泰山放入湖中，山顶距水面还有100米呢。由于有336条河流注入该湖，所以它的总蓄水量高达23600立方千米，约占地表淡水总量的1/5，超过欧洲波罗的海蓄水量，比我国最大淡水湖鄱阳湖的蓄水量还多6倍呢。

♥ 最低、最咸的湖泊

亚洲西部巴勒斯坦和约旦之间位居着世界最低的湖——"死海"。湖面比地中海面低392米，湖中央最深处为395米。该湖南北长80千米，宽4.8～17.7千米，面积1049平方千米。死海不仅为世界上最低的湖，也是世界上最咸的湖。由于该地气候干旱，蒸发量大于降水量，湖水位下降，盐度增高所至，即表层含盐度250‰，随着深度增大而增高，110米深处为

327‰。盐的蕴藏量足够 40 亿人食用 2000 年的。湖水的比重大于人体的比重，假如你在该湖面上游泳时，如同在地上爬一样，湖岸盐分丰富，周围生物难以生存，光秃秃一片，十分荒凉，所以称之为"死海"。

地下水

埋藏于地面以下的各种状态的水称为地下水。全世界的地下水总量多达 1.5 亿立方千米，比整个大西洋的水还多。地下水与人类的关系十分密切，特别是井水和泉水是人们日常生活中必不可少的。

地下水按埋藏条件可分为上层滞水、潜水和自流水 3 大类。

上层滞水也称为裂隙水，存在于各类岩石裂隙中，范围小，水量也不大。

潜水是埋藏在地表以下的第一个不透水层（隔水层）以上的重力水。通常见到的地下水多的潜水，分布广，水量较稳定，是农田和生活用水的重要源地。

自流水（承压水）是地下水充满于上、下两个稳定隔水层之间的含水层。有一定的压力，埋藏较深。像我国四川盆地、山东淄博盆地均为此类。济南是我国著名的"泉城"，故有"家家泉水，户户垂杨"之说，有名的趵突泉日涌水量可达 7 万立方米。

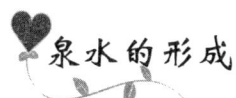

泉水的形成

泉水的来源都是雨水。雨水不但被吸入泥土中，而且也会经由裂缝而进入岩石内。当然大部分的雨水都留在地表并蒸发升空，或由植物的根部吸收。在地表下面有一个区域，在此区域所有岩石的缝隙和裂口都装满了水。但从地表至地下水层的深度却因地而异。

如果这些地下贮水，在地表找到一个天然出口，而此出口的位置又低于地下水层的表面，这时就有泉水涌出。泉水往往出现在山谷或地势较低的地方，就是这个缘故。

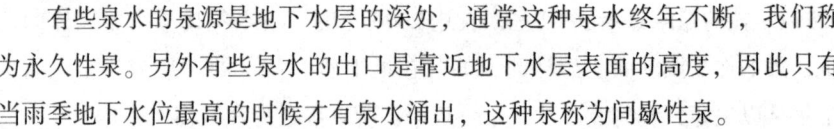

有些泉水的泉源是地下水层的深处，通常这种泉水终年不断，我们称为永久性泉。另外有些泉水的出口是靠近地下水层表面的高度，因此只有当雨季地下水位最高的时候才有泉水涌出，这种泉称为间歇性泉。

所有的泉水都流经地下的岩石再喷出地面，因此所有的泉水都含有一些矿物质，如硫磺或石灰质等，含矿物质数量很高的泉水，我们称为矿泉。

至于喷泉则完全与天然泉不同，喷泉是当雨水沉渗进地下透水性的岩会或沙土时，这透水层或沙土被两层不透水的岩层夹在中间，因此地下水承受着压力，这时只要从上面钻一个洞，水就会喷涌而上。不过钻孔位置的高度必须低于水流入地时的高度。

泉与自流井的不同

泉是沿地下的岩石裂缝自然地涌出来的水，每当下雨的时候，部分雨水渗进土里，部分流到岩石缝里，由于地心引力而使水下沉，因此地下有了水。

在地表下面的岩层之间，有一层高低不平的地带，里面充满了水，称为地下水层。地下水层的表面为地下水的水位。

陆地表面的深谷或低洼地带，如果低于地下水的水位，水就从岩石缝里冒出来，就是泉。换句话说，就是水储存在高处，而在低处有了漏洞，水流出来就是泉。

自流井是一种水井，水自然地从井里喷出来。自流井形成于下下两层之间的一个含水层里。在含水层中有许多空间，里面存有大量的水。上述三层并不是水平的，实际上是高低不平向下变曲，水从高处进入，流向低处，如果挖一口井，由于受到压力差水会冒出来，就是我们所谓的自流井。

间歇泉的热水来源

就算间歇泉不把大水柱喷入空中，它也是自然奇观之一。间歇泉的水是热的，热水从地面冒出来就是一种很奇怪的事。水是从哪里来的？为什

地理知识全知道

DILI ZHISHI QUANZHIDAO

么是热的？什么力量使水喷入空中？

所有的间歇泉都和地底下含水层相通，水的来源多半是雨和雪水的渗透。在地层深处的岩石是热的，可能是尚未冷却的熔岩。由热熔岩散发出的蒸汽，经过岩石的裂缝到达地下含水层，使水的温度甚至超过沸点。这就是热水的来源。

至于为什么会形成喷泉，是因为水和汽的通道并非笔直的，扭曲不规则的通道影响了蒸汽的上升，如果水和蒸汽能不受阻碍地升到地面，将会造成稳定的温温。水在地层下受阻时会达到沸点，突然变成蒸汽，蒸汽需要的空间较水大，因此向上喷并推动水一起升到地面。由于蒸汽的上升，地层下的压力因此减低，于是有更多水变成蒸汽。蒸汽不断喷出地面，就造成了间歇泉奇景！

温泉的形成

温泉是我们能够看见的地下巨大热量的一种表现形式。这种从地下喷射出来的水温有时相当高，并且含矿物质，比如钠、镁、铁、硫等物质。

科学家对于温泉是如何形成的，看法不一致，一些科学家认为温泉是几百万年以前地球变迁时压在地下的水源。另一些科学家则认为这种泉水是渗透到地下的雨水，经地心温度加热后再度喷射出来的水。

也许这两种说法都是正确的。但有一点可以确定下来，即温泉水是由地下喷出来的，水中含有矿物质，有些泉水的温度接近沸点。

瀑布的形成

在世界上的名山大川中，瀑布很多，它们沿着各种不同形状的悬崖峭壁，奔流倾泻。由于地势起伏不同、水量多少不等，瀑布流泻时，千姿百态，变幻奇丽，各有说不完的美景。

伊瓜苏瀑布是世界著名的宽瀑布之一，位于巴西和阿根廷两国交界的巴拉那河流域，它的支流伊瓜苏河长不过 700 千米，水量却很丰富。大量河

水呼啸奔腾而下，形成了一个宽大的瀑布。瀑布平均高度40多米，最高的"鬼吼瀑"高达72米。在它的120多米高空下可以看到飞悬着一条绚丽的长虹，浮现在水雾里，形成一幅人间奇景。

如果从流量来说，巴拉那河上的塞特凯达斯大瀑布是世界上流量最大的瀑布。在汛期时，它以3万立方米/秒的流量直泻而下。从远处看，瀑布犹如条条银练从天而降，飞溅的水珠在阳光的照射下，映出一条美丽的彩虹，像五彩缤纷的蝴蝶随风飞舞。

我国瀑布也很多，著名的有贵州白水河上的黄果树瀑布、黑龙江镜泊湖上的吊水楼瀑布，以及江西庐山的开先瀑布、三叠泉瀑布、黄龙潭瀑布、乌龙潭瀑布等。众多的瀑布装点着祖国的河山，使景色更加壮丽。

世界上的瀑布千姿百态，形形色色，形成的原因也是多种多样的：在同一条河流上，由于构成河床的岩石不同，有硬有软，软的地方容易被冲蚀，硬的地方冲蚀得慢，在软硬岩石交界处，河床高低相差很大，就出现了瀑布。再有，由于地壳运动，地壳断裂引起升降，造成陡岩，河流流经这里，形成瀑布。火山喷发后，火山口积水成湖，湖水从缺口溢出，也会形成瀑布；火山喷出的岩浆，阻塞河道，造成湖泊，湖水壅高泻出，同样会形成瀑布。古代冰川刨蚀成的U形谷，石灰岩地区的暗河从山崖间涌出，海浪拍击海岸，迫使河流后退而产生崖壁，也会形成瀑布……总之，瀑布是地球内营力和外营力综合作用的结果。

最宽的瀑布

非洲的莫西奥图尼亚瀑布（维多利亚瀑布），是世界上最宽的瀑布。位于赞比亚和津巴布韦交界处的巴托卡大峡谷中，非洲赞比西河上、中游交界处。瀑布呈"之"字形，绵延达97千米。落差92米，主瀑最高达122米，宽约1800米，被岩岛分隔成5段，飞流直下，泻入宽仅400米的深潭，发出隆隆巨响，激起阵阵水雾，在10千米以外都能听见雷鸣般的声音。当地人称之为"莫西奥图尼亚"，即"声若雷鸣的雨雾"。瀑布平均流量1400立方米/秒，雨季可达5000立方米/秒，蕴藏着巨大的水利资源。并成为著名的旅游胜地。

最高的瀑布

南美洲委内瑞拉东南部的圭亚那高原上属世界上最高的瀑布——安赫尔瀑布。犹如"天上"的水帘，落差高达979米，其气势之磅礴可想而知了。但是，这个令人神往的大瀑布，却隐藏在一片浓密的原始森林、高山耸立的峡谷之中，此处人迹罕至，人称"魔鬼崖"。1937年，美国飞行员吉姆·安赫尔探险到此，发现了这个世界罕见的大瀑布，因此而得名。1949年美国一支地理探险队再次证实了这个气势十分壮观的大瀑布。

海和洋的区别

地球表面被陆地分隔为彼此相通的广大水域称为海洋，约占地球表面积的71%。事实上，海和洋是有差别的。

海洋的中间部分称为洋，约占海洋总面积的89%，它的深度大，一般在二三千米以上，海水的温度、盐度、颜色等不受大陆影响，有独立的潮汐和洋流系统，全球分4个大洋即太平洋、大西洋、印度洋和北冰洋。

海洋的边缘部分称为海，深度较浅，一般在二三千米之内，约占海洋总面积的11%。还没有独立的潮汐和海流系统，水温因受大陆影响而有显著的季节变化，盐度受附近大陆河流和气候的影响也较明显，水色以黄绿色较多，透明度小。

海按其所处位置的不同，可分边缘海和地中海两种类型。大洋靠近大陆的部分，被岛屿和半岛分隔开，水流交换畅通的称为边缘海，如东海、南海、日本海等；介于大陆之间的海称地中海，如地中海、加勒比海等。如果地中海伸进一个大陆内部，仅有狭窄水道与海洋相通的，又称为内海，如渤海、波罗的海等。

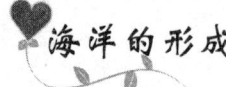

海洋的形成

我们不能确切地知道海洋已经形成有多少年。似乎在地球形成的初期，海洋并不存在。或许在地球形成以后，最早出现的是云，云是由水蒸气变成的；后来跟着地球渐渐变冷，云变成雨水而降下。我们以现在海洋中的矿物盐分量来估计，海洋大概有5亿~10亿年的历史。

科学家确定地球上大部分陆地，以前都是海洋。地球上有些地区曾经几度是海洋。但是我们不知道那些深海曾经是否为陆地。

有许多证据显示，某些地区的陆地曾经是浅海的海底。例如有许多地方发现了石灰岩、砂岩、页岩等，这都是山沉积物形成的。在英格兰、得克萨斯州、肯萨斯州发现了白垩，证明这些地方曾经是海底。白垩是由小动物的贝壳形成的，而这些贝壳动物是生活在海洋里的。

今天全世界的海洋占地球表面的3/4，有许多大洋人类还没有探测过，对于海底的情形只有一个粗略的了解。海底有些地区是山脉，有些地区是平原；但是海底不像大陆表面那么变化多样。

最大的海——珊瑚海

位于太平洋西南部的珊瑚海，为世界上最大海。面积479.1万平方千米，约相当于20个波斯湾、3个墨西哥湾或2个白令海的面积。海底自西向东倾斜，平均水深2394米，最深点9165米。体积1003.8万立方千米，约相当于北大西洋北海海水体积的200倍。它地处热带，全年水温在20℃以上，最热月达28℃，大陆架等浅海地带水温更高。几乎没有其他河流注入，海水清澈透亮。

最小的海——马尔马拉海

世界上最小的马尔马拉海，是位于亚洲小亚细亚半岛和欧洲巴尔干半

岛之间的内海。东西长约 270 千米，南北宽约 70 千米，面积 1.1 万平方千米。世界上最大的海珊瑚海是它的 435 倍。是属于亚欧大陆之间断层下降所形成，平均深度 183 米，最深 1355 米。

❤ 最浅的海——内海亚速海

位于俄罗斯欧洲部分南部的内海亚速海，南部通过刻赤海峡通往黑海，面积 38840 平方千米，平均深度 8 米，最深处仅 14 米，海水总体积 256 立方千米。海岸多潟湖、沙嘴。由于河流入海量减少，海水含盐度 11‰～12‰，是俄罗斯的重要产鱼区。

❤ 最咸的海——红海

位于亚洲阿拉伯半岛同非洲大陆之间的红海，是世界上海洋含盐度最高的海，红海北部高达 41‰～42‰，南部约 37‰，最深处可达 270‰以上。几乎达到饱和溶液浓度，如果人躺在海面上，永远不会沉下去。形成红海含盐度如此之高的原因是，北回归线横穿海面中部，受副热带高压带和东北信风带控制，气温高，全年干燥，年降水量少，日照强烈，年蒸发量大大超过降水量。两岸无常年河流注入，得不到淡水补充。海域呈封闭状态。

红海不仅是世界上含盐度最高的海，也是最年轻的海，其面积约 45 万平方千米。它是大约距今 4000 万年前由于地壳张裂，海底扩张所形成的，而且现在每年以 1 厘米的速度在扩大，如此下去，再过几亿年，红海将会成为今日的大西洋。

❤ 最淡的海——波罗的海

波罗的海是世界上含盐度最低的海。它位于欧洲北部斯堪的纳维亚半岛与欧洲大陆之间，面积 38.6 万平方千米，平均深度 86 米，最深 459 米。波罗的海多海湾，如波的尼亚湾、芬兰湾、里加湾、格但斯克湾等。由于

地处高纬地区，气温较低，蒸发量小。受西风带影响，降水量较多。注入河流多，有大量淡水补充。被陆地包围，呈封闭性海盆。所以海水含盐度极低，平均 7‰ ~ 8‰，各个海湾的含盐度只有 2‰，河口附近的全是淡水。

沿海国最多的海——加勒比海

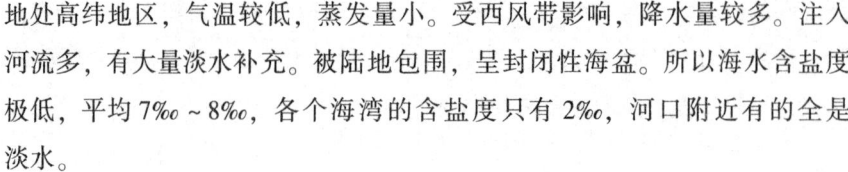

世界上最大的内海为美洲的加勒比海。位于大、小安的列斯群岛和中美、南美大陆之间，西南以巴拿马运河通向太平洋，西北以尤卡坦海峡连墨西哥湾。沿海有 20 个国家，为世界沿海国最多的海。南北最宽为 1400 千米，东西最长为 2800 千米，面积约 264 万平方千米。平均深度为 2490 米，最深处开曼海沟深达 7680 米。海水终年高温，盛产沙丁鱼、金枪鱼和虾等，海底富藏石油和天然气。地理位置十分重要，是大西洋和太平洋以及南北美洲间多条航线的必经之路。

最大的海湾——孟加拉湾

最大的海湾是印度洋的孟加拉湾。位于印度半岛和中南半岛、安达曼群岛及尼科巴群岛之间。它的总面积 217.2 万平方千米，大约相当于 2 个日本海大。平均深度 5258 米，最深处可达 25286 米，水温 25℃ ~ 27℃，属一个温暖型海域。北部有恒河、布拉马普特拉河流入，形成了广阔的河口，同时也形成了重要的港口。孟加拉湾是热带风暴最猛烈的海域之一。风暴来时风速可达 250 千米/时，巨浪高达 6 米以上，暴雨迅猛，向低平的河口三角洲冲击，给此地带来十分严重的灾害。

海水的颜色

海水对于各种光线的吸收是有选择的，不同深度的海水，吸收不同波长的光线。光线里的红橙色长光波，海水吸收得多，但反射得少；对短波部分的蓝青色光波，海水吸收得少，却反射得多。这样，映入人们眼帘的海水就成了蔚蓝色。

在阿拉伯半岛和非洲东北部之间，有一个狭长的海域，海水呈现殷红色，这就是有名的红海。

据科学家研究，这是因为那里的海水温度和盐度都比一般海水高，非常适合一种叫蓝绿藻的海藻生长繁殖。这种藻类的名字虽然叫蓝绿藻，然而它却是一种红色的海藻，它在这特有的暖水环境里繁殖生长，年复一年，它细胞里的藻红素就把海面染成了红色。

在欧洲东南部和小亚细亚之间有一个内海，那里却又是另一番景象：海水的颜色是黑色的。这就是世界上最大的内海——黑海。

原来，黑海的地形和其他海区不同，它几乎成了一个孤立的海盆。上层水温较高，且堆积着大量的淡水。而200米以下的海水层里，却是温度低、盐度大，上下层之间形成了一个屏障，叫做密度跃层，它使得上下层海水不能发生交换，处于跟外界隔绝的下层海水，氧气奇缺，加上硫细菌的作用，高浓度的硫化氢气体把海底淤泥染成了黑色。这就是在海边或海上看黑海是黑色的，而海水却是无色透明的原因。

❤ 海浪的成因

海水平静的时候极少，这也是航海人最担心的，这种担心的程度甚至胜过担心恶劣的风暴，因为航海人员遇风暴可以停止航行。也就是说在航海中，迫使他们驶向另一个口岸的原因不是风大，而是海浪。大海也有平静的时候，像镜子一样无风无浪。如果船员在海上由于风大而滞留太长的时间，那么所带的食品就会消耗尽，更重要的是淡水短缺。

至此我们可能已经想象到了海浪与风暴的联系。实际上，海浪几乎全部是由吹过水面的风引起的。也许我们在家里都曾玩过拍打水球的游戏。一只乒乓球、两条皮管和一只盛满水的碗，在碗中浮动乒乓球，用管子抽打。抽打到水上的时候，就会发现水面掀起涟漪，抽打的力越大，涟漪就越大。

这与海上的波浪十分相似，风吹到水面形成波浪，波浪慢慢向前推动，越来越大。虽然波浪呈向前运动趋势，但海水的每一个组成部分都是以圆周的形式运动的，其基本位置并没改变。波浪的高度取决于3个因素：①风吹到水面的力的大小（对于水手来讲，大风预报极为重要），②海浪的持续时间的长短，③风浪区。"风浪区"一词意思是风吹过水面海浪所伸展的长度。

潮汐的成因

如果你住在海边或者曾在海边度过假，那么，你就会知道在每天的某个时间，会出现水涨或水落的现象，这就是潮汐。一般来讲，海水每隔12小时26分就涨落一次。

为什么会发生潮汐呢？我们知道地球表面上的一切都受地心引力的吸引。事实上所有的物体都由于万有引力的影响而相互吸引，可以通过万有引力定律来计算出其相互吸引力的量值。两个物体之间的距离越大，其引力就越小；而物体越重，引力就越大。

月亮绕地球运转，对地球一面的海水产生引力，使海水涨潮，而在这另一面则是落潮。

还有其他因素对潮汐的形成有影响。我们知道，如果我们在浴池里使水撞击浴池边，那么，水涨与水落就会在其边缘上下运动一段时间。同样的道理，一旦潮汐开始，海水就会上下起落，月球的引力使其增加额外的推力。太阳同样对地球上的海洋产生引力，但是因为太阳距离地球太遥远，所以引力的作用就无足轻重了。

然而在一年中总有几次太阳、月亮和地球运行在同一条直线上的时候。在这个时候，太阳的引力增大了月球的引力，使潮汐增大，这就是大潮，这种情况只有当新月或满月时才能出现。当太阳、地球和月球所处的位置成90°角时，太阳的引力会抵消月球的部分引力，潮汐就会低落许多，这就叫做小潮。

各地潮汐高度不同的原因

你曾在退潮时到过海边吗？那时可以在水中走出很远也不会弄湿到膝盖。但是在某些地方，涨潮和退潮却很难分得清。潮汐虽然是引力引起的，但是潮汐的高度和月亮并没有关系。月亮对地球有引力，和地球对月亮有引力的道理是一样的，只是月亮的引力要小得多。月亮对地球的引力，会使靠近月亮这面的海水升起，这就是涨潮。

地球背面的海水，同样也会受到月球的引力使海水上涨，只是距离较远，所以受到的引力较小。因此面对和背对月亮的两边，都会涨潮。当月亮环绕地球运行的时候，地球上潮汐就会随着移动。如果地球表面全部都是水的话。潮汐水涨落的情形会很规则的循环，但是事实上地球表面还有大块的陆地。潮汐沿海岸线而行就形成潮流，并在海湾地带形成堆积现象。

在平直的海边，有足够的地方让涌入的潮水扩散开来，所以潮水不会升的很高。但是如果潮水涌入狭窄的海湾或海峡，海水无法散开就会堆得很高。加拿大的芬地湾涨潮落潮间的潮差有 21 米，而地中海地区满潮时也不过才涨起 30 ~ 40 厘米。

漩涡的形成

大多数人一想到漩涡。就想象一泓打转的水，在水上的人或船就会被卷入淹死或沉没。漩涡的确很危险，但在大海中的漩涡并没有一种往下面拖拉的吸力。

现在让我们来看漩涡到底是怎么回事。你可能看过小溪流中的小漩涡吧。当堤岸伸至河流挡住水流时，水面便会出现圆形的旋流。当水流在堤岸后面的一块小地方旋转时，它往往会外围升高，而中央部分像漏斗形状向下凹陷，这是离心力在起作用。

那么海洋的漩涡又是如何形成的呢？当海潮前进时遇到前面海潮的退流，于足便形成旋转涡流。在岛屿和大陆沿岸的狭窄海湾之间经常会发生

涡流的现象。

　　如果海流所通过的狭湾很深，那么旋转的水流就变成回旋状，并产生一种向中心深处的吸引力。不过我们在前面提过，这种现象并不会在宽广的海洋中发生。

　　世界上最著名的涡流有3个，即挪威海岸的梅尔斯特罗涡流、意大利与西西里岛之间的查利布底斯涡流，以及尼加拉瓜瀑布下游的涡流。

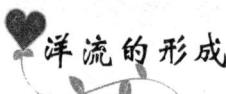

洋流的形成

　　海洋中有很多股洋流不断地到处流动着。这种流动很复杂，因为促成洋流流动的因素有很多。其中之一是密度大的水下沉，密度小的水上升。

　　海洋中密度最大的水既冷又咸。北冰洋的海水结冰就是这个道理。冻结的冰块含盐极微，冰结成之后，又冷又咸的海水就下沉到海底。海洋里盐分最大的海水是在热带区。此处海水很热，因此密度不比在下面虽冷而较淡的水大。这些海水浮在洋面，海水就被风吹着到处跑。

　　风与海岸的形状有时会将流动的海水送到同一个地方，这时海水的流速就加快，成为洋流，洋流就像是海里的河流一样。

洋流的分布

　　洋流形成的主要原因是海面受长期而稳定的风向吹送形成的；此外，还与各地海水的密度、海面的高低、地球自转偏向力和陆地轮廓、岛屿的分布等有关。各大洋洋流的分布和流动的方向虽然很复杂，但还是有规律可循的。

　　（1）在赤道至南北纬40°或60°之间，形成低纬度环流，其流向在北半球呈顺时针方向，在南半球成逆时针方向。每个环流的西部都是暖流，东部都是属于寒流。

　　（2）在北纬41°或60°以北形成高纬环流。其环流方内为逆时针方向，环流西部为寒流，东部为暖流。

（3）赤道以北的北印度洋，因位于北回归线以南，属季风洋流。冬季吹东北季风，表层海水向西流，洋流呈反时钟方向流动；夏季吹西南季风，表层海水向东流，洋流呈顺时针方向流动。

（4）东西方向流动的洋流，除南半球的西风漂流外，都具暖流性质。

全球大洋洋流模式图

洋流对大陆沿岸气候有很大影响，寒流经过的地区对气候有降温、减湿的影响；而暖流则对沿途气候有增温、增湿的作用。

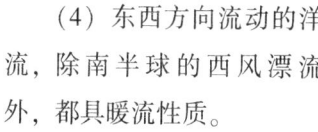

暖流和寒流

洋流按其性质可分暖流和寒流两种。

（1）凡流动的洋流，海水温度比经过的海区水温高的称为暖流。一般从低纬度流向高纬度的洋流皆属暖流。暖流流经的海区和沿海地带，一般较同纬度其他海区气温高、空气湿润、雨量充沛，有利于农业生产。

（2）凡流动的洋流，海水温度比经过海区海水温度低的称寒流。一般从高纬度流向低纬度的海流皆属寒流。寒流会使流经海区和沿海地带的气温降低、降水减少。东西方向流动的洋流，一般属暖流性质，唯有南半球的西风漂流，由于受南极大陆及海上浮冰的影响，海水温度较低，属寒流性质。

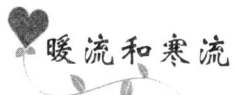

太平洋的洋流系统

太平洋的洋流多而复杂，形成的环流系统在各大洋中是最完整的。在盛行风系、邻近大陆的海岸轮廓、岛屿分布及地转偏向力的影响下，在赤道至南北纬 40°左右的范围内，南、北各形成一个完整的环流系统。

（1）北部环流由北赤道暖流、台湾暖流、北太平洋暖流和加利福尼亚寒流组成，按顺时针方向运行。太平洋的北赤道暖流非常巨大，长达 14000千米，宽达数百千米。在东北信风的推动下，北赤道暖流把海水从中美附近带到菲律宾群岛，受岛屿阻挡后分为 2 支：①一小股支流先是朝南，而后折向东，形成赤道逆流；②主流则转向北上，称台湾暖流。

台湾暖流是著名的暖流之一。它的水温高，透明度大，水色深蓝；从远处看去几乎呈蓝黑色，故称为黑潮。宽度约 100 海里，平均厚度 400 米左右，最深可达 700 米，流量约相当于世界各河总流量的 20 倍左右。黑潮因地转偏向力的作用，在北上途中逐渐地偏离亚洲大陆。至北纬 40° ~ 50°，在盛行西风吹送下，向太平洋东面流去，成为北太平洋暖流。

北太平洋暖流到达大洋东边，遇到北美洲大陆的阻拦，又迫使其分成南北 2 支：较小的北支叫阿留申暖流，把大量热量带到高纬度海区；较大一支沿海岸南下，补偿中美附近北赤道暖流带走的海水，称为加利福尼亚寒流。并与北赤道海流衔接起来，构成北太平洋中主要洋流。

此外，在北纬 40° ~ 50°以北的北太平洋中，发源于白令海峡的一支寒流，沿堪察加海岸和千岛群岛南下，称为亲潮（又称千岛寒流），在日本本州外海域与黑潮相遇，其中一部分在盛行西风吹送下向东流去；另一主要分支则由于温度低、密度大下沉到海水表层以下。

（2）南部环流由南赤道暖流、东澳大利亚暖流、西风漂流和秘鲁寒流组成，按反时针方向运行。在南太平洋中，由东南信风引起的南赤道暖流，和北太平洋中的北赤道暖流相对应。当海水从南美洲附近到伊里安岛东侧时，它与陆地相遇，分为 2 支：①较小的一支先朝北，后折向东，成为赤道逆流；②主要的一支则折向南，成为东澳大利亚暖流。东澳大利亚暖流经澳大利亚外海向高纬行进，以后就汇入西风漂流，向东朝南美洲方向流去。到达南美洲西岸时，有一支经南美洲大陆最南端的合恩角流入大西洋，称为合恩角海流；一部分则被大陆阻挡后折向北，成为秘鲁寒流。秘鲁寒流，与北太平洋中加利福尼亚寒流补偿北赤道暖流的情况相仿，是南赤道海流的补偿流；从南纬 45°左右开始，北流，经过智利、秘鲁和厄瓜多尔等国沿海，一直可达位

地理知识全知道

DILI ZHISHI QUANZHIDAO

于赤道上的加拉帕尔斯群岛附近。寒流所经过的地区，气温要比大陆东岸同纬度低。秘鲁沿岸和智利一带少雨，多云雾与寒流经过有关。

印度洋的洋流系统

印度洋的水平轮廓，北部为大陆包围，是封闭的，南部开敞；北部海岸曲折，多海湾、海峡、岛屿和半岛，南部和东西海岸平直，少海湾、内海、岛屿和半岛。印度洋绝大部分在北纬23°以南，主体部分位于纬度较低的赤道带、热带和副热带范围内，所以有人称印度洋为热带性海洋。由于印度洋处于非洲板块、印度板块和南极洲板块3个板块的交接处，故形成印度洋特殊的"入"字形中央海岭和大致沿东经90°南北走向的东印度洋海岭（或称90°海岭），使海底地貌复杂多样。

印度洋北部由于印度洋和亚洲大陆的相互影响，形成了世界上最特殊的季风洋流。印度洋北部在冬季吹东北季风，使表层海水自东向西流，形成逆时针环流；夏季吹西南季风，海水自西向东流，形成顺时针环流。印度洋南部低纬度吹东南信风，中纬度吹盛行西风，形成比较稳定的逆时针环流，由南赤道暖流、马达加若暖流、马达加斯加暖流、西风漂流和西澳大利亚寒流。

大西洋的洋流系统

大西洋的洋流和太平洋流相似，在赤道南、北各有一个环流：①北部环流由北赤道暖流、墨西哥湾暖流、加那利寒流组成，呈顺时针方向流动。②南部环流由南赤道暖流、巴西暖流、西风漂流、本格拉寒流组成，按反时针方向流动。

北冰洋的洋流系统

尽管北冰洋的大部分洋面被冰雪覆盖，但冰下的海水也像全球其他大

洋的海水一样在永不停息地按照一定规律流动着。在北冰洋表层环流中起主要作用的是2支海流：①一支是大西洋洋流的支流——西斯匹次卑尔根海流，这支高盐度的暖流从格陵兰以东进入北冰洋，沿陆架边缘作逆时针运动；②另一支是从楚科奇海进来，流经北极点后又从格陵兰海流出，并注入大西洋的越极洋流（东格陵兰底层冷水流）。它们共同控制了北冰洋的海洋水文基本特征，如水团分布、北冰洋与外海的水交换等。

此外，挪威暖流和北角暖流的作用也不可忽视。据最新统计的观测数据，大西洋洋流每年向北冰洋注入72000立方千米海水，北太平洋海流注入30000立方千米海水，而周边陆地的河流注入4400立方千米淡水。这样，北冰洋的洋底冷水流就必须以10.5万立方千米/年的规模，经过深2700米、宽450千米的弗拉姆海峡涌入北大西洋。这些北冰洋洋流对于北极及周边地区的气候特征及生态环境产生了巨大影响。

最强、最大的暖流——墨西哥湾流

墨西哥湾暖流简称湾流，是世界上规模最大的暖流。沿北美大陆东岸向东北流击，至北纬40°附近进入西风带开始折向东流，并呈扇形展开，称北方西洋暖。南赤道暖流因受巴西大陆之阻而分出的北支——圭亚那暖流，经墨西哥湾流出变为佛罗里达暖流，与北赤道暖流北上的安的列斯暖流汇合，组成强劲的湾流。该暖流因绕经炎热的墨西哥湾后流出，因此规模很大，水温很高。

在佛罗里达出口处宽约60~80千米，出口后加宽到160千米，深度达800米，流速130~150千米/日，表层水温度27~28℃。湾流及北大西洋暖流所经之地水温和气温大幅度升高，在强大西风吹送下向东北可直达北极圈以北的巴伦支海，使欧洲西北部也成为温暖湿润的温带海洋性气候，1月平均气温比同纬度的亚洲东岸和北美东岸气温要高出15~20℃，位于北极圈以北的俄罗斯北冰洋沿岸港口摩尔曼斯克港成为不冻港。

墨西哥湾暖流所以能成为世界上最强大的暖流，除上述北赤道暖流、安的列斯暖流加上南赤道暖流北上的圭亚那暖流外，还有墨西哥湾接受了由信风不断赶入的暖水，使墨西哥湾成了巨大的"热蓄水库"。从佛罗里达海峡流出的强大而高温、高速的佛罗里达洋流，与从东南来的安的列斯暖流汇合后，声势更大。

墨西哥湾暖流沿途，世界上许多地区的气候发生了很大的变化。

比如说，当这股暖流流经北欧时，来自暖流的风给挪威、瑞典、丹麦、荷兰和比利时等地区带来温暖的空气，使这些地区冬季的气候比其他同纬度的地带温暖得多，也使挪威海岸的港口成为不冻港。

墨西哥湾流也为伦敦和巴黎带来不甚严寒的冬天，而同样纬度的拉布雪多，冬天却极为酷寒。每当风吹过墨西哥湾流的时候，就会夹带着温热的湿气，这种带着热湿气的风遇到冷空气，就会形成浓雾。

但墨西哥湾流对于北美的冬季影响不大，因为吹往内陆的风并不经过此海流。

最大的寒流——西风漂流

西风漂流，位于南北纬40°～60°之间西风带的海域内，因受强大的西风推动，海水自西向东连续不断的流动而形成的洋流。在南半球，因没有大陆的阻挡，西风漂流横穿太平洋、大西洋和印度洋的南部，形成环流性质，称为西风环流。在北半球为北大西洋暖流和北太平洋暖流。

西风漂流宽约300～2000千米，表层流速为0.9～1.9千米/时，相当于墨西哥湾流流量的8倍以上，因此西风漂流是世界大洋中规模最大的寒流，也是最大的洋流。

最强的寒流

秘鲁寒流又称洪堡德寒流，是寒流中最强大的一支。它始于南纬45°左右，贴近南美西海岸北流直到赤道附近，洋流长3700～5500千米，宽370

千米以上，流速平均0.9千米/时。在向北流动的过程中，由于受地转偏向力影响，加以沿岸盛行南风和东南风，表层海水向西偏离海岸，使平均深约100米的中层冷水上泛到海面，海水温度很低。年平均水温一般为14～16℃，比周围气温低7～10℃，使近岸洋面多云雾，日照弱。

由于海水上泛带来了大量硝酸盐、磷酸盐等营养物质，促使浮游生物大量繁殖，为鱼类提供了丰富饵料，因此秘鲁沿海成为世界著名渔场之一。

冰川的形成

你大概已经听说过位于南、北两极地区的巨大冰川或冰山。你还可能听说过数千年以前，巨大的冰舌由北向南的伸延，长度相当于从英国到北部欧洲的距离。数百年以前，位于南半球的许多地区也受到过同样的影响。这些状态十分恶劣的时期被称作冰河时期。然而这些冰舌是怎样发生，以及它们对地球表面又有什么影响呢？

我们知道，来自空中的水在比较冷的时候降下来的是雪。但是，一般情况下，这些雪很快就会融化。可是在世界上有一些地区，在山区以及接近于南北两极的地区，温度比其他地区要普遍低得多，如格陵兰岛或喜马拉雅山区，没有融化完雪便形成了雪原。随着雪在山谷中的大量堆积，雪就会密集

海上的冰川

起来，形成了浅蓝色的冰层而不是我们所熟知的白色的雪花，我们称它为冰川。

这些冰川经常从它们最初形成的雪原向低处滑动，只有当雪的融化量大于雪地的积雪量时，这种滑动才能减缓或停止。

当一条冰川的前沿接触到海洋时，如在阿拉斯加地区，常会发生大块大块的冰川崩裂，这种过程所引起的冰川移动就叫做冰川离崩，它将冰川分离并送入大海，形成冰山，漂浮在海上。

♥ 冰山的形成

冰山看起来很壮观又新奇吧，不过如果冰山漂至航道上，那么对于水上航行的船只实在是太危险了。世界上的一次大海难发生在1912年4月14日晚上，一艘"巨神"号客轮撞上一座冰川，使1513人丧命。

冰山是冰川的断块，当冰川向河谷冲下进入海洋的时候，冰川的末端就在那里断裂，形成漂浮的冰山。有些冰川没有进入海中，只是跌落在断崖绝壁的深谷狭湾间。这些冰山就从狭湾漂流到大海中。另外有些冰川两端都被海浪融解。可能留下一个巨大的冰"底"潜在水下，这些冰底随时碎裂，碎块又浮出水面变成冰山。

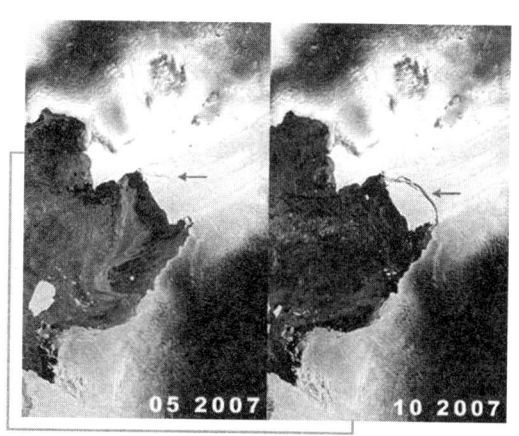

卫星照片揭示南极冰山形成过程

冰山的大小差别极为悬殊，水手们把6～10米范围的叫做小冰山，但几百米宽的冰山也很常见，巨形冰山有的长达近千米。

冰山中的冰是等体积海水重量的8/9，所以只有1/9的冰山露出水面，8/9的体积在水面以下，是看不到的。冰山的体积真是大得令人不敢相信，有的冰山重量达2亿吨！

由于冰山在海面下的体积庞大，它不会随着风向漂动，而是随海流移动，大多数的冰山最后都流到纬度低的温暖海域融化掉。

世界上最大的冰库

南极洲平均海拔2350米，是世界各大洲中地势最高的一洲。南极洲是一个冰天雪地的银色世界，大陆的95%为冰雪覆盖，平均厚度为2000米。南极大陆的冰，体积占世界冰总体积的90%以上。因此，南极洲被称为"世界上最大的冰库"。

南极大陆气候严寒，长年飘雪，源源不断地补给着冰源。巨大的冰块不断从大陆高处缓慢地滑向大陆边缘地带，它们有的在海边断裂，形成壁立的冰岸，或者成为海上的漂泊者——冰山。有的像长长的冰舌伸进海中，结成广阔的陆缘冰原和高大的冰障。南极洲的陆缘冰障有10多座，最著名的要算罗斯冰障，长900千米，高出海面50米，面积达54万平方千米，相当于法国领土那么大。

在大风、海浪和太阳等影响下，冰川碎裂，成为冰山，漂泊在海洋上，能保持2～10年不融化。在南极海域中，这种漂泊者估计有22万座之多，总体积约1.8万立方千米，都是南极洲这个世界最大的冰库"制造"出来的。它们有大有小，有的像桌子，有的像角锥，形成千姿百态的冰山，景色十分壮观。

南极洲的冰山是可供人类利用的巨大水库。如果把这些冰运到沙漠地区，可以解决缺水问题。目前，有些国家正在研究如何利用南极地区的淡水资源。

地理知识全知道

DILI ZHISHI QUANZHIDAO

地质与地貌

　　所谓地质，是指地球的性质和特征，包括地球的圈层分异、物理性质、化学性质、岩石性质、矿物成分、岩层和岩体的产出状态、接触关系，地球的构造发育史、生物进化史、气候变迁史等。所谓地貌，是指地表起伏的形态，如陆地上的山地、平原、河谷、沙丘，海底的大陆架、大陆坡、深海平原、海底山脉等。根据地表形态规模的大小，有大地貌、中地貌、小地貌和微地貌之分。大陆与洋盆是地球表面最大的地貌单元，较小的地貌形态如在流水和风力作用下形成的沙垄、沙波等。

岩石的构成

　　岩石是由众多元素通过化学反应结合成的物质构成的，一些元素，如金，并不一定与其他元素结合，它可以单独存在于地球表层的岩石中。但是像硅这类元素可以由 2 个氧原子对 1 个硅原子的比例结合生成氧化硅或硅的化合物。在自然界里，硅石被看成是矿物——石英。

　　石英由于含杂质的不同而呈不同的颜色——由黑色到粉红色到透明体等。我们可能发现石英的碎块形状十分不规则，但是如果仔细地观察一下，这些形状各异的碎块都可能有笔直的棱或者具塔尖形状。实际上，如果形成的条件完备，那么石英可以形成外形完整的晶体。

　　结晶体是一种对称的固体。它有平滑的表面，这与其中的原子排列有直接的关系。因此，矿石就可以被说成是一种固体——自然产生于地壳内的无机物质，有一定的成分和结构组织，这种成分和结构完全是固定不变的。

岩石的种类

石头总是由矿物构成的。石头有各种颜色或者闪闪发亮的东西，这些就是矿物造成的。

并不是所有岩石形成的过程都相同，有一种"沉积岩"，就是由沉积作用形成的。它是在水、风、冰或动植物的作用下，山物质沉积而成。这种石头多是在水中一层层沉积的，所以又称为"水成松"。它的成分很圆滑，这是因为尖锐的边缘或尖角都已被河床、水浪或长久的风雨吹打磨平了。砂岩与石灰岩都属于沉积岩。

还有一种岩石是因岩浆在地下或喷出的地表而冷凝成的。这种叫做火成岩，属于这类型的有花岗岩和玄武岩。

第三种岩石叫做变质岩，这是沉积岩或火成岩经过高热或压力而形成的，大理岩和石英岩属于变质岩。

有些岩石中含有有用的矿物，如果含量很高，值得把那矿物提出来，这种岩石我们称之为矿石。

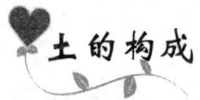

土的构成

世界上所有的土，都是由岩石形成的。经过千百万年的过程，大自然已经使岩石变成微粒，这就是我们所说土壤。

由岩石变成土的方式很多：冷热交替使岩石表面脱落、风把岩石上的沙子吹掉、冰川刨蚀岩石表面、流水带着泥沙摩擦岩石、海浪冲击岩石，都能使岩石碎片成为沙土。细菌的酸性也会把岩石腐蚀成为微粒。

土的分类是依据微粒的大小和物质的性质而划分的。沙土的主要成分是沙。黏土是细微物质，重、冷而潮湿。沃土是沙土和黏土以及有机质物的混合。多石土中包含有大量的岩石。泥炭土里面岩石的成分很少，主要是由腐烂的植物形成的。

地理知识全知道
DILI ZHISHI QUANZHIDAO

植物能够生长的土壤，是由大部分的岩石微粒所形成的，其中也含有矿物质和腐烂的有机物质。土壤的价值是给植物的根部补给养料、空气和水。假如我们把土壤加以消毒，杀死土壤中的每一种细菌，这土壤就不再肥沃了。

即使土壤包含了植物所需要的各种养料，如果没有水分溶解这些养料，植物还是不能生长。植物能够吸收水分，所以就是长时期不下雨，植物也能够吸收土壤中的水分而继续生长。

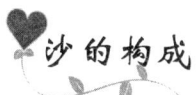

沙的构成

实际上，沙是小岩石的通称。沙是地球表面的坚硬岩石经过千百万年风化破坏的结果。有些岩石碎片经过化学变化或被溶解成细粉，就变成了土。有些岩石很硬而不起化学作用，仍然停留在颗粒状态，就是沙。沙子的直径为 $1/5 \sim 1/100$ 厘米。

古代岩石碎片被洪水冲进河里，在河床上滚动时，撞击其他的岩石，经过无数次的撞击而变成细沙。

如果把沙子放在显微镜下观察，会发现沙子的种类很多。表面平滑而没有棱角的，是经过长途旅行和海浪无数次冲击形成的。如果发现一粒沙上有尖锐的棱角，那是近地形成，不是来自远处。

通常每一粒沙子都是由一种矿物组成的。如果你抓起一把沙子，可能其中有各种矿物。在沙子中最普通的矿物是石英。如果沙子里混合有铁，可能会有一种特殊的颜色。有些沙子中含有稀有矿物，如金、锆石、石榴石等。墨西哥的白沙，是纯石膏。

泥土的形成

如果地球表面没有一层泥土覆盖，人类就会绝迹。没有泥土，植物不能生长，人类和其他动物就没有食物。

泥土是由极细粒的岩石和腐败的动植物渣体所形成的。那些小颗粒的

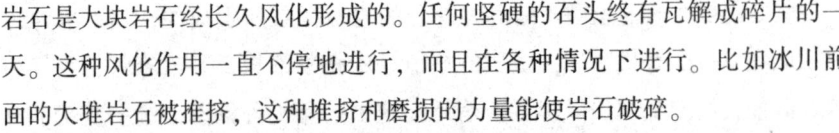

岩石是大块岩石经长久风化形成的。任何坚硬的石头终有瓦解成碎片的一天。这种风化作用一直不停地进行，而且在各种情况下进行。比如冰川前面的大堆岩石被推挤，这种堆挤和磨损的力量能使岩石破碎。

含有化学成分的水也会使某种岩石溶解而受侵蚀，而温度的变化也使岩石容易出现裂缝或解体为小碎石。植物的根部深入地下也会造成这种情况。

肥沃良田的形成

空气中含一定量的化学物质，当周围的湿度大时，它们的含量也相对增加。这些化学物质甚至可以对付坚硬的岩石。如果你真想知道化学物质对石头的作用，你只要从海里或河中拾起一小块石头就可以获得答案了。石头外部既圆又光滑。毫无疑问石头的内部还是粗糙的，因为它没有受到外力的影响。

大气中的化学作用是不可忽视的。通过氧化作用，可以将岩石粉碎，这样我们就有了耕田，没有田地，我们无法种植庄稼。当然，可耕土壤不单是出岩石风化后的尘粒组成的。这种土壤中的养分还不够维持植物的生命。

一种叫地衣的植物死亡腐烂后变成肥料为土壤提供了营养。地衣中含有一种能产生腐殖质的化学物质。正是大量死亡与腐烂的植物产生出的这种物质为土壤提供了充分的营养。

岩浆的特点

地球中心温度非常高，把附近的岩石都熔化成液体状态。这些的岩石被液化以后就是岩浆。岩浆的重量要比周围温度较低的岩石轻，有许多岩浆还没有到达地表就已经冷却成坚硬的岩石。如果地表附近的冷硬岩石抵挡不住下面岩浆的压力时，岩浆就会穿过地表的裂缝，喷发到地面上，像这样喷出地表的岩浆，就称为熔岩。

有时岩浆一边从附近的岩石向外推挤，一边逐渐冷却，岩浆中的某些矿物，要比其他矿物先结成晶体。岩浆喷出地表后，很快就会凝结成固体岩石，而那些光结成的晶体就成了斑晶。于是整块岩石就形成了由许多晶体组成的斑状结构，这类岩石称为斑岩，磨光滑之后花纹十分美丽，常用来作为建筑材料。

山的形成

山的形状雄伟而壮观，人们总以为它是永久不变，永恒存在的。但是研究山岳的地质学家们可以证明山会改变，也不是永恒的。

山的形状是由于地表某种变化的结果。山经常会受到损害而有所变化。有时顽石会被冰冻的水从山边冲下，雨水和河流也会冲刷山上的泥土和石片，因此即使是最高的山岳迟早都会变成小山岗或平原。

地质学家按山的成因而将山分为 4 种。我们知道，所有的山都是由于地壳激烈的变动而形成的，不过那是好几百万年以前的事了。

褶皱山这类山的岩层往往呈波状弯曲，这是地球表面受到挤压力作用使岩层发生褶皱变动而形成的。北美的阿帕拉契山与欧洲的阿尔卑斯山就是褶皱山。

圆顶山是因为岩石受到压力而形成穹隆状的圆拱山顶。熔化的岩浆由于来自地下的极大压力而被挤上来，于是形成了圆顶山。

块状山是地壳断层而形成的。由于地壳断裂变动而突起在地表。美国加州的西埃拉内华达山脉就是一座 650 千米长、120 千米宽的块状山。

火山是由地球内部的岩浆喷发而形成的。一般呈圆锥状，山顶上有一个很大的喷火口。日本的富士火山和意大利的维苏威火山都是世界著名的火山。

但许多山脉的形成过程并不只是上述的一种，有的是多种成因造成的。

 山脉的消失

坚硬的岩石会由于风化作用而变松，甚至可能全部溶解，最终被自然的力量，如雨、风或海浪的搬运，离开最初形成时的位置。

地球引力在岩石风化过程中起着重要的作用，尤其是在丘陵和山区地带。在丘陵地区，由于雨水的长期作用，或者也有植物和动物的作用，土壤可能慢慢地滑向底处。当然，随着土壤的移迁，更多的岩石暴露在空气中，使风化作用不断对其表层产生影响。

水，以其不同于其他物质的形式，在地表结构变化中起着最重要的作用。我们已经知道，坚硬的岩石即使在短期内能够保持不受进一步的侵蚀，但雨水也会加快土壤流失过程，而许多岩石脱落的碎片，就像曾经被人们描述的那样，用自己的方式进入河流或溪流，这样它们搬运的距离就会大大地加长。这些岩石碎片或沿河床顺水前进，或跳动式前进，或完全漂浮于水中前进，有些被溶解的物质也可能以溶液的状态运动。

岩石的颗粒相互作用而磨损，并冲刷着河床及两侧河岸，增大河溪的深度和宽度。在引力越来越大的作用下，河水夹带着更多物质进入河底。冰也能使岩石风化，将岩石带进溪谷。大多数物质最后都会找到自己的途径流向海洋，海水的运动又使这些流入海洋的物质远离它们的"故乡"——山脉或丘陵。

最长的山脉

世界上最长的山脉——科迪勒拉山脉，纵贯于南北美洲大陆的西部，北起阿拉斯加北极圈附近，南迄火地岛南岸，全长约18000千米，横贯美国、加拿大、墨西哥、危地马拉、伯利兹、洪都拉斯、萨尔瓦多、尼加拉瓜、哥斯达黎、巴拿马、委内瑞拉、哥伦比亚、厄瓜多尔、秘鲁、玻利维亚、阿根廷和智利等17国。一般分为南、北美科迪勒拉山脉，各由数条大体平行的山脉组成。整个山脉平均高度和绝对高度远不及喜马拉雅山、昆仑山、喀喇昆仑山等山脉，但其长度是世界首位的。

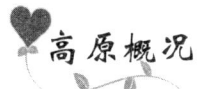

高原概况

素有"大地舞台"之称的高原，是在长期的地壳抬升运动中产生的，海拔高度一般都在 4000 米以上，高原上地貌形态各异，有的高原地表形态复杂，山峦起伏，奇峰峻岭，有的高原宽广平坦。如有"世界屋脊"之称的青藏高原，平均高度在 4000 米以上。科学家们根据在该地的古生物化石判断，在几千万年前是一片汪洋，后来经过"喜马拉雅"造山运动后，形成了如今的格局。由于高原海拔高度高，太阳辐射强且日照时间又长，所以西藏的拉萨被称为"日光城"。

最高、最年轻的高原

青藏高原是世界上最高大、最年轻的高原，面积约 250 万平方千米，平均高度在 4500 米以上。青藏高原自北而南绵亘着一列列长长的山脉。北面是广阔的昆仑山、阿尔金山和祁连山，中间是喀喇昆仑山——唐古拉山、冈底斯山——念青唐古拉山，巍峨的喜马拉雅山蜿蜒在西南部。

全世界共有 14 座超越 8000 米的山峰，都位于青藏高原。珠穆朗玛峰是世界最高的山峰，喜马拉雅山是世界最高的山脉，而青藏高原以自己雄踞地球的风姿，得到了"世界屋脊"的称号。

许多山峰是一片皑皑的冰雪，群山间还有许多银练似的冰川，沿着山坡缓慢地下滑。冰川是大江、大河的"母亲"，供应丰富的水源，世界著名的长江、黄河、恒河和印度河等都发源在这里。

青藏高原的柴达木盆地，地势较低，但海拔也有二三千米。高原最低处的雅鲁藏布江谷地，河谷里的拉萨城比五岳之首的泰山还高 1 倍多。

高原上分布了广阔的草原，镶嵌着无数蔚蓝色的湖泊，湖中映着雪峰。许多喷泉从岩石缝里喷出来，热气腾腾，同附近的雪峰、湖泊相映成趣。

喜马拉雅山脉是世界上最雄伟高峻的山脉。它西起帕米尔的南迦帕尔

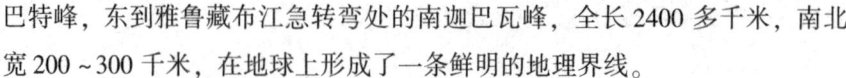

巴特峰，东到雅鲁藏布江急转弯处的南迦巴瓦峰，全长2400多千米，南北宽200~300千米，在地球上形成了一条鲜明的地理界线。

喜马拉雅山脉是由许多平行的山脉组成的，中间有许多狭长的深谷。这条山脉的主脉平均海拔6000米以上，其中有10座山峰超过了8000米，而南美洲的最高峰阿空加瓜峰，海拔也只有6960米。

喜马拉雅是梵语，意思是"雪的家乡"。这里真是一个冰雪的世界，除了巨大的冰川外，还有千姿百态、气势磅礴、晶莹绮丽的冰塔、冰柱、冰墙、冰洞、冰帘、冰蘑菇等，它们银装素裹，在阳光辉映下，更加绚丽多彩。在冰雪线下面，还有湖泊、瀑布、草原、森林、奇岩和深谷，点缀着四周，更加显出河山的雄伟壮丽。

巍峨的珠穆朗玛峰是万山之首，地球之巅，高8848.13米。顶巅长10多米，宽约1米。珠峰在碧蓝的天幕里，显出那晶莹皎洁的英姿。晴天清晨，珠峰周围的姊妹峰还在沉睡中，她就悄悄地披上五彩缤纷的朝霞，山峦变化着各种绮丽景色，从灰暗色变为鲜红色、桃红色、金黄色，最后染成了白色。到了晚上10点钟，夜幕早已把群山隐没，而珠峰还有夕阳余晖照射，她仿佛戴上了一顶耀眼的金冠，昂首天外，俯视着宁静的大地。雨季一到，她整天沉睡在云雾中，很难见其真面目。

珠峰地区，高低悬殊，气候和植物垂直分布，在我国境内南坡山区，形成了一个独特的自然景观带，从山脚下沿着山坡向上，有阔叶林带、针阔混交林带、针叶林带、高山灌木丛带、高山草甸带、高山寒漠带、永久积雪带等7个自然带。那里有苍翠茂密的杉树、樟树、漆树和高山栎，有广阔肥美的草地，有奇丽壮观的冰川，还有许多大雁、黄鸭、雪鸡、岩羊等动物在飞翔和奔跑。

世界屋脊是怎样形成的呢？

在青藏高原发掘到的大量恐龙化石、三趾马化石、陆相植物化石，以及许多古海洋动植物的化石，如三叶虫、笔石、鹦鹉螺、菊石、珊瑚、苔藓虫、海胆、海百合、有孔虫、海藻等，都埋藏在层层叠叠的页岩和石灰岩层里。

这些古代海洋生物化石，把地质学家的目光带到了遥远的地质年代。

地理知识全知道

DILI ZHISHI QUANZHIDAO

在 2 亿~3 亿年前，青藏高原曾经是一片长条形的海洋，跟太平洋、大西洋相通。后来，地壳发生强烈的运动，形成了古生代的褶皱山系。海洋消失了，出现了古祁连山、古昆仑山，而原来的柴达木古陆相对下陷，成为大型的内陆湖盆地。经过 1.5 亿年的中生代，这些高山由于长期风化剥蚀，逐渐被夷平了。那些被侵蚀下来的大量泥沙，就沉积在湖盆内。

新生代以后，又发生地壳运动，那些古老山脉再次强烈升起，又"返老还童"似地变成高峻的大山了。在距今 4000 多万年前，喜马拉雅山区仍是一片汪洋大海。这里基本上是连续下降区，沉积了厚达万米的海相沉积岩层，埋藏了各个时代的生物。由于印度板块不断北移，最后和亚欧大陆板块相撞，处在这个地区的古海受到挤压，产生褶皱，喜马拉雅山脉从海底逐渐升起，高原也跟着大幅度地隆起，成为"世界的屋脊"。

喜马拉雅山至今还在缓慢升高中。据 1862~1932 年间的测量，许多地方平均每年上升 18.2 毫米。如果按照这个速度上升，1 万年以后，它将比现在还要高 182 米。

最大的高原

南美洲的巴西高原位于巴西，面积约 500 万平方千米，除了南极洲冰雪覆盖的高原外（因无人居住），所以一般认为巴西高原为世界上最大的高原。该高原自北而南地形为桌状高地或方山特征。该高原上大部分地区属热带草原气候，是良好的天然牧场，在干旱严重的地方生长着一种耐旱植物——巴萨尔木，因为形似纺锤，所以称之为"纺锤树"。该高原矿产资源十分丰富，有世界著名的优质大铁矿。

平原概况

平原犹如大地上的绿色地毯，宽广平坦辽阔无垠。海拔多在 2000 米以下，世界平原总面积占全球的 1/4。

平原的地面起伏很小，极目远望，看不到尽头。平原的海拔一般都不

高，低的只有几米或十几米，称作低平原；有的稍高些，称作高平原。由于各种各样的原因，平原地面的形状也不是千篇一律的。有的缓缓倾斜，叫倾斜平原；有的四周稍高，中间稍低，颇似一个碗碟，叫凹状平原；有的平原内部微波起伏，叫波状平原。

按照形成原因，平原又可以分成由外来物质堆积到低洼地方形成的堆积平原，外力侵蚀作用形成的侵蚀平原和地壳构造运动形成的构造平原等几大类。由河流携带的物质，长年累月沉积的平原叫冲积平原，它就是堆积平原的一种。在河流的入海处，往往分汊很多，形状颇像一个三角形，称为三角洲。三角洲地区通常都是平原，叫三角洲平原，也是一种堆积平原。此外，还有湖泊退缩以后形成的湖积平原，人为造就的人造平原等多种平原类型。

平原地势低平，水源充沛，又有河流常年携带来的养分，使这里的土地一般都很肥沃，灌溉便利，交通方便，人口稠密，所以，往往成为农业和工业发达的地区，城镇也十分密集。世界上许多大城市都建在平原上，如美国的纽约，俄罗斯的莫斯科，澳大利亚的悉尼，埃及的开罗，印度的新德里，我国的北京、上海、天津、广州等。

♥ 最寒冷的平原

西伯利亚平原是世界上最寒冷的平原，它位于俄罗斯东部，总面积260万平方千米。在这里有北半球的寒极——奥伊米亚康村，这里的月平均气温都在－45℃以下，最低达到－71℃。这里的门窗玻璃都是3层，钢铁一折就断，汽车轮胎稍受震动都会崩裂，可见该地有多么的寒冷。这里的房屋都是七扭八歪的小木屋，因为这的土地全是永久性的冻土层，稍为融消就变成松软下陷，所以该平原人口稀少。

♥ 最大的平原

世界上最大的平原——亚马孙平原，是由亚马孙河冲积而成，总面积达 560 万平方千米，比东半球最大的平原东欧平原大 40%，比西西伯利亚平原大 1 倍多，相当于恒河平原的 12 倍。该平原地势低平坦荡，大部分在海拔 150 米以下，相当一部分在海拔 60 ~ 80 米之间，素有"亚马孙低地"之称。该平原的大部分位于巴西境内，部分属于秘鲁、哥伦比亚、玻利维亚、委内瑞拉。亚马孙平原属热带雨林气候，原始森林遍布，人烟稀少，平均每平方千米还不到 1 人，当地人称为"可怕的绿色坟墓"。

❤ 盆地概况

假如你坐上飞机俯瞰大陆，发现有许多被高山或丘陵围绕的低地，好像一个个巨大的泥盆，这就是盆地。盆地一般分为 2 种：①构造盆地，像我国新疆的吐鲁番盆地，是由于地壳的运动所形成的。②侵蚀盆地，如云南的景洪盆地等，这是由于流水或者是岩溶侵蚀所形成的。

盆地的面积大小不一，大的十几万平方千米以上，小的只有几平方千米，也称"坝子"。我国的四大盆地有四川、塔里木、准噶尔、柴达木。在这些盆地中，资源丰富，条件优越，被称为"聚宝盆"。

❤ 最大的盆地——刚果盆地

东非大陆中部的刚果盆地（扎伊尔盆地），面积 337 万平方千米，是世界上最大的盆地。盆地内地势平坦，海拔平均 400 米，内有大片的沼泽地。刚果盆地是非洲最重要的农业区，盆地边缘矿产资源十分丰富。大洋洲的澳大利亚盆地（世界最大的自流盆地，面积约 173 万平方千米）、我国的塔里木盆地（世界上最大的内陆盆地，面积 53 万平方千米），都比不上刚果盆地大。

❤ 最低的盆地——吐鲁番盆地

吐鲁番盆地位于我国西北部的新疆自治区，是世界上最低的盆地。面

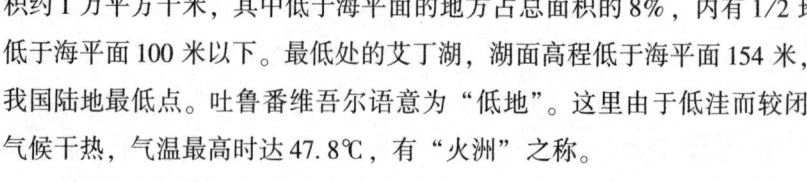

积约 1 万平方千米，其中低于海平面的地方占总面积的 8%，内有 1/2 地方低于海平面 100 米以下。最低处的艾丁湖，湖面高程低于海平面 154 米，是我国陆地最低点。吐鲁番维吾尔语意为"低地"。这里由于低洼而较闭塞，气候干热，气温最高时达 47.8℃，有"火洲"之称。

在盆地中部有一条高约 500 米的红砂岩山，每当夏季烈日炎烤，状似火焰，地表温度最高达 82.3℃。我国古典小说《西游记》中的"火焰山"，指的就是这里。虽然这里干旱炎热，但有高山融雪水的补充。这里还盛产各种葡萄、哈密瓜，甘甜诱人，驰名中外。

 丘陵概况

丘陵在大陆上是和缓、绵延。海拔一般为 200 米以上，500 米以下。丘陵一般比较破碎，这都是山地长期经受侵蚀形成。丘陵地区一般降水都较充沛，十分有利农作物生长发展。丘陵在陆地上分布十分广泛。像欧亚大陆和南北美大陆上丘陵成片分布。我国也是一个多低山丘陵的国家，像江南、山东、辽东丘陵等都比较有名。

沙漠的形成

世界上的沙漠一般分布在南北纬 15°～35°之间的信风带。在此天气稳定，气压高，风是从内地吹向海洋，潮湿的海洋气流不能进入大陆，所以干旱少雨。又加之风沙大，风力强，最大风力可达 10～12 级。这样许多的岩石久经风吹日晒，形成细小的沙粒，时间长了，就形成了今天浩瀚无际的大沙漠。

沙漠的降雨量和它的形成有很大的关系，从另一个角度来说，所谓沙漠就是年降雨量不超过 250 毫米的地区。这只是个平均数字。可能几年不下雨。要下就很突然，这样就形成了内陆河。湍急的河流冲刷着以前干燥的岩石，冲出了峡谷，水不久又消失了，峡谷也就干涸了。这就是典型的沙漠景观——旱谷。并不是所有的沙漠都炎热。有些沙漠地区很冷。人们常

常把北冰洋和南极洲看作是寒冷的沙漠地区，因为水都在冰层下。

即使在最炎热、最干旱的沙漠，也不到处都是干旱和遍地沙丘。雨水可能降在沙漠周围的高地，渗到岩石里形成地下水。沙石易吸水，所以在沙漠底层下的几百米深处有水源形成。如果沙漠中有洞连接地下水源，该地区就有可能发展成为绿洲。绿洲地区的水自动流出地表，水源周围植被茂盛。沙漠动物利用绿洲来解决饮水问题。绿洲附近可以住人。有时，沙漠中经过几年干旱后降下雨来，使得那些在沙石中休眠的种子迅速发芽生长，不毛之地一夜之间出现了生机。随着水的再次干涸，这些植被又都旱死了。

全世界有 1/10 的沙漠，总面积达 1535 万平方千米。我国沙漠总面积也有 64 万平方千米，占全国面积的 11%。有的沙漠中无沙粒，几乎全是光秃秃的石滩，这称为戈壁。沙漠给人类带来无情的灾害，有时吞埋房屋、农田、公路等。目前人类正在千方百计地防沙治沙，如种草植树，利用绿色屏障来固沙，取得了较好效果。

沙漠干燥的原因

缺乏水是所有沙漠的共同特点，也就是说生存在那里的动植物必须在几乎没有水的条件下生活。

雨量往往可以决定一个地区植物的数量和种类，雨量丰沛的地区有森林，雨量较少的地区为草原，至于雨量更少的地方，就只有极少量的特殊沙漠植物才活得了。

靠近赤道的热带沙漠，如非洲的撒哈拉沙漠，位于亚热带陆地之间，当空气下沉时，原来干热的地区变得更干更热。这个地带的陆地都很干燥，即使与海洋毗邻也无济于事。另外在西北非与澳洲西部的沙漠也是同样的情况。

至于赤道地带沙漠的形成原因，则是由于海洋与潮湿的风相隔太远或被高山阻挡。横挡在海洋与沙漠之间的山岳在靠海的一边有时会下雨，但向里面的背风区域却仍然干旱，这种现象我们可称为雨旱。中亚的沙漠就

是喜马拉雅山脉与我国西藏高原造成的雨旱区；美国西部大盆地沙漠也是其西部的西埃拉内华达山与其他高原所形成的雨旱地区。

沙漠的外观有好几种。沙质多的地方，由于风的吹刮会形成沙山或沙丘。岩石沙漠往往形成奇异的峭壁或粗糙锯齿高原。另外还有在美国西南部那些不毛的岩石山与干燥的泥土和沙砾平原所形成的沙漠。

大多数沙漠之中总有一些植物或动物生存。一般的沙漠植物都没有叶片，这样可以减少水分的蒸发。有些植物长有针刺类的东西，为的是不被动物吃掉。生存在沙漠里的动物，必须能在缺水的情况下支撑长久的时间，只需一点植物的液汁或夜露就够了。

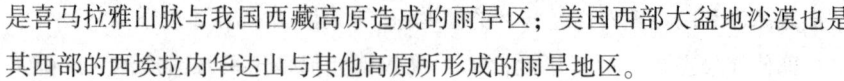

最大的沙漠——撒哈拉沙漠

撒哈拉沙漠是世界上夏天最热的地区之一，是世界上最大的沙漠，占地 560 万平方千米以上。

然而撒哈拉沙漠的大部分，有一度是在水底下，几世纪之后，才出现河流、山谷与峡谷。有些人认为撒哈拉沙漠里的沙，就是当时那个大海底下的沙，可是这种说法不为大部分的权威人士所接受。

可以肯定的是，撒哈拉曾经一度是潮湿的温带或亚热带气候，很可能有草有树。可是后来植物渐渐消失，成为不毛之地，干燥无水；此外风蚀作用破坏泥土，形成砂石。然而还是几处绿洲长着树和草，可以看到泉水和自流井。

风使撒哈拉干燥，这就是东北贸易风。它不断地吹向赤道，由于空气移向赤道愈来愈热，而需要更多的湿气，所以空气像吸墨纸一样吸取湿气，使沙漠保持干燥和炎热。

7 月时，撒哈拉沙漠有多处平均温度为 38℃。靠近的黎波里有一处叫阿尔及亚，于 1922 年创下世界最热的纪录，高达 58℃。然而日落之后，地上凉得很快，温度会降低 10～20℃，冬天夜晚某些绿洲上竟然还有霜！尽管上地干燥，该处还是有动物存在，例如羚羊，这是因为它们体内有一种特殊的贮水囊。

 绿洲概况

世界上所有的沙漠都有绿洲，不管是天然的或是人为的。它们的大小各有不同，有的是广大的一个地区，有足够的水量供给一座城市。较小的绿洲是休息的地方，在沙漠旅行的人与动物可以在这里找到食物与饮水。较大的绿洲是热闹的市场，也是娱乐中心。天然的绿洲通常出现在流入沙漠的溪流旁，或地下泉接近地表的地方。在天然的绿洲里，短期的雨水可以帮助滋润植物和草地。

撒哈拉西部有两个热闹的绿洲，叫做拉瓦特与内撒拉。绿洲内的水是降落在亚特拉斯山的雨汇集在山谷而形成的溪流；但利比亚沙漠内很少看到溪流，绿洲里的水主要由地下泉水供给。

可是绿洲也可以人为产生，现代机器凿井可以深达数千米，这些井维持了整个居住地的供水。撒哈拉沙漠正在实施一个庞大计划，扩建所有的绿洲并且建造新绿洲以供居住。有些沙漠，可以用灌溉的方法将水引入。例如自科罗拉多河跨越科罗拉多沙漠的运河，灌溉了一度干旱的加州南部的帝王谷。这片山谷变成一个广大的绿洲，而且是世界上最富生产力的沙漠地之一。

非洲最大的城市开罗，就是以绿洲起家的。其他的绿洲城市有凤凰城、亚利桑那城和盐湖城等。

岛屿、群岛、半岛

散布在海洋、河流或湖泊中的小块陆地叫做岛屿。大的称岛，小的称屿。世界岛屿面积约占陆地总面积的7%，最大的岛屿是处在北美洲东北部的格陵兰岛。彼此相距很近的许多岛屿合称为群岛，如马来（南洋）群岛、西印度群岛等。半岛是伸入海洋或湖泊中的陆地，三面临水，一面与陆地相连，如阿拉伯半岛、中南半岛等。

岛屿的四周被水域所包围。如我国最大的台湾岛、厦门对岸的鼓浪屿等。岛屿按其成因可分为大陆岛、火山岛、珊瑚岛、冲积岛4大类。各种岛屿上气候宜人，风景秀丽，是旅游的好地方。

最大的岛屿

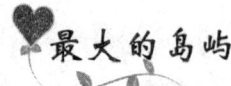

格陵兰岛是世界上第一大的岛屿，位于北美洲的东北部，介于北冰洋、大西洋之间，南北长2650千米，东西宽1200千米，总面积达217.56万平方千米。这里的气候极为严寒，全年气温在0℃以下，多风暴和雪暴。降水主要以冰霰和雪为主，每年约300毫米。格陵兰岛常年披着银装，约有85%的地面被厚厚的冰层覆盖，冰层平均厚度为1500米。冰的总体积约为260万立方千米。"格陵兰"原意为"绿色土地"。为什么这么荒凉之地还有绿色呢？原来该岛的沿海处有一条狭窄无冰区。此处气候温和湿润，发育了苔藓植被，并有矮小的草甸。当首批欧洲移民来到该岛时，给该岛取名为"格陵兰"。

该岛上居民1/3以渔业为生。盛产鳕鱼、比目鱼、虾等。矿产资源十分丰富，像煤、铁、铬、铜、铅、锌、石油等。该岛西南部为世界上最大的冰晶石产地之一。

最大的半岛

最大的半岛是位于亚洲西南部的阿拉伯半岛，介于红海、亚丁湾、阿拉伯海、阿曼湾和波斯湾之间。面积约322万平方千米，为世界上最大半岛。它包括了6个国家：沙特阿拉伯、科威特、卡塔尔、阿拉伯联合酋长国、阿曼、也门。半岛上气候常年火热干燥，形成了岛上1/3都是沙漠地区。但是半岛及附近海域区蕴藏着十分丰富的石油，特别是沙特阿拉伯是世界上产油最多的国家，所以有"石油王国"之称。半岛又是世界上三大宗教之一的伊斯兰教的发源地。

侵 蚀

侵蚀是地球表面被逐渐磨损的过程。雨点落在地上形成小溪把泥沙冲入河流中，风吹过田野卷起阵阵尘土，海浪冲击海岸并把沙粒带回海中，这些都是侵蚀作用。有些侵蚀作用能造成自然奇观，如美国的大峡谷。

地表大部分侵蚀作用都是水蚀。水渗入岩石的裂缝，水结冰时就会使岩石分裂，最后石头碎裂成土，土又被冲走。地表只能吸收部分雨水，因此多余的雨水就在地表汇为水流，带着泥沙流入河中。流过山谷的河流不断侵蚀河床，经过数千年后使山谷变宽。地表有时被侵蚀到海平面的高度。风也会侵蚀，但效果较水蚀慢。在古代还有冰河侵蚀。

侵蚀作用对农业有很大影响，以前农夫不知道宝贵的表土会被侵蚀作用带走，他们犁田犁得很深，深层土翻上来后很快变干而被风吹走。现在农夫有了防止侵蚀的新方法，他们较少犁田，并把小麦和玉米的秸秆等留在田中帮助保持土壤，在有坡度的地方采用梯田耕种。现代农民已学到很多方法保护土壤，以免土壤受到侵蚀作用的损害。

能长大的石头——钟乳石

很多洞穴有钟乳石。要知道钟乳石的形成，让我们来看一看新墨西哥的卡斯巴洞穴。

卡斯巴洞穴的岩石是特别种类的，即石灰石。石灰石是碳酸的岩石，稀薄的酸就足以溶解它。溶解石灰石的酸来自雨水。落下的雨点在空中以及地面上吸收二氧化碳，二氧化碳将雨水转变为碳酸。

钟乳石

大约 100 万年前的一滴水附在洞顶上，水滴落下的时候，洞顶就牵出水滴下的一条细细石灰结晶，然后，第二滴，第三滴，第四滴，第五滴……使石灰留在同一个地方，久而久之，这一条石灰形成细细的硬"垂冰"，而且不断地加大。另一滴水落在地面上，水滴内的石灰凸了起来，久而久之，几百万颗水滴落在同一个地方，使石灰形成的短而粗的"石烛"不断增大。

洞顶的"垂冰"叫做钟乳石，地上粗短的"石烛"叫做石笋。每一枝钟乳石和石笋的增长速度各不相同，视洞内的湿度、温度以及顶上的石灰床厚度而定。钟乳石增长 1 厘米，有的要 1 年，有的则要 100 年。

向上长的石笋与向下长的钟乳石连在一起，成为石柱。卡斯巴最大的石笋，有 30 米高。有些洞穴洞顶分布着短短中空的钟乳石，看起来像是吸管；有些洞壁则长着闪烁的石针，或地上竖着石针垫；甚至有些除了往下长以外，还斜着长。水不再渗入地下的洞穴，而钟乳石不再长大时，这个洞穴就被认为"死了"。

东非裂谷带

在非洲东部的高原上，纵贯着巨大的东非裂谷带。裂谷带南起赞比西河口以南，向北经东非高原、埃塞俄比亚高原抵红海，再由红海通到约旦地沟，长达 6000 多千米。

东非裂谷带是世界上最长的裂谷带，有"地球的伤疤"的称号。它宽约 50 ~ 80 千米，底部是一条宽带状的低地，夹嵌在两侧高原之间，仿佛一条干涸了的巨大河谷，

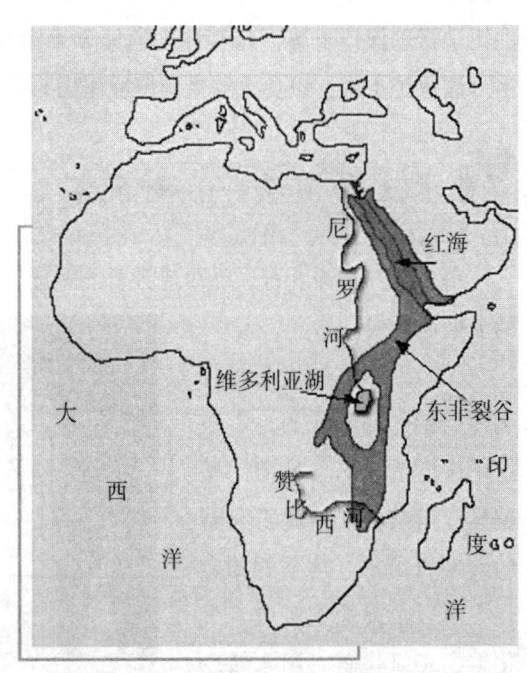

东非大裂谷

在群山中延伸。裂谷底部比两侧高原表面平均要低 500~800 米，纵深地带相隔 3000 米左右。两岸悬崖壁立，高原上火山座座，巍然屹立；裂谷底部湖泊点点，使东非的湖光山色更具有雄伟多姿的风采。

东非大裂谷为什么成为世界上最长的裂谷带呢？原来，那里是个断层陷落带，它是在地壳运动过程中，由巨大的断裂作用形成的；而地壳断裂，则是由于地幔上层的热对流而引起的。东非处在地幔热对流上升流的强烈活动地带。地幔上升流的上升作用，使东非隆起成为高原，随着上升流向两侧扩散，又使地壳受到张力而产生裂缝。先是地壳出现 2 条大致平行的大断裂，然后，裂缝中间的地面渐渐下沉，同时裂断的两翼相对抬升，形成裂谷的两壁和一条深陷下去的宽带状低地。那些低洼的地方积水成了湖泊。在裂缝产生时，往往伴随着强烈的火山和地震活动。

东非裂谷带现在仍是地壳很不稳定的地带，火山、地震很多。坐落在基伍湖附近的尼拉贡戈火山的活动，就是很好的例子。尼拉贡戈火山是一座海拔 3470 米的活火山，山顶终年被浓密的火山烟雾笼罩着。山顶上有长300 米、宽 100 米的火山口。火山口内有一个炽热的岩浆湖。通红的岩浆沸腾翻滚，犹如将要出炉的钢水，成为自然界中一个壮丽的奇观。

海岸线

海洋和大陆的界线称为海岸线。全世界大陆海岸总长度为 26 万多千米。如加上岛屿的海岸就更长了。我国海域辽阔，海岸线漫长曲折，仅大陆海岸线就有 18000 多千米。海岸线由于海水的涨落，其界线是不断变化的。在坚硬的石质山地丘陵地带，形成陡峭险峻的崖壁，水深湾长，一般形成天然的良港。在平坦辽阔的海岸区，海岸线平直，海水较浅，可形成盐场或溶场，是旅游度假的好地方。

海底的地势

海底的地势起伏并不亚于陆地，既有坦荡的平原，也有雄伟的山脉和深达万米多的深渊。根据海底的地形特点，可把海底分为大陆架、大陆坡和洋底3部分。

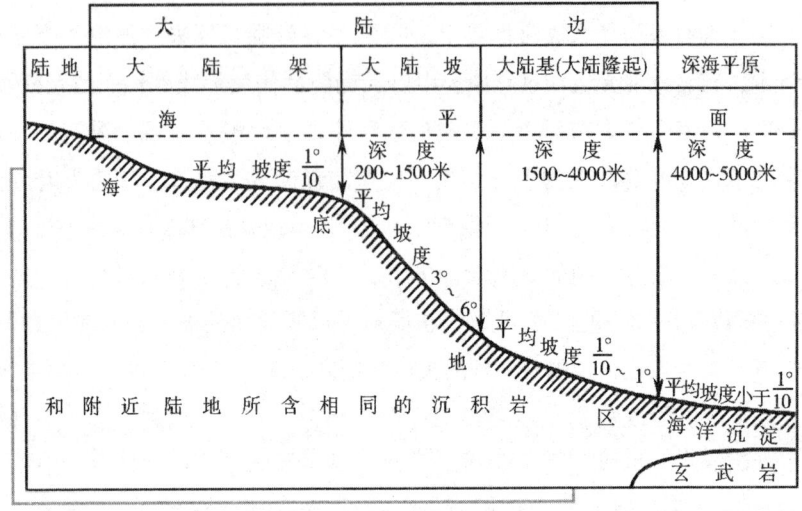

海底的地势

（1）大陆架：是围绕大陆和岛屿的浅海区，是陆地向海洋自然延伸并被海水淹没的部分，大陆架又叫"陆棚"、"大陆浅滩"或"大陆棚"。坡度极为平缓，海水很浅，一般深度不超过200米。但宽度各地差别很大，在陆地为平原的地方，大陆架一般很宽，可达数百至1000千米，如太平洋西部、大西洋北部两岸和北冰洋的边缘；紧邻的陆地若是高原或山脉，大陆架宽仅数十千米，甚至缺失，如南美大陆西岸大陆架甚窄。全世界大陆架面积约为2712万平方千米，占海洋总面积的7.5%左右。

（2）大陆坡：即在大陆架外侧一个陡急的斜坡，它是大陆架向洋底的过渡地带，宽度20～100千米不等，总面积和大陆架相仿。大陆坡上往往有深切的峡谷地形，规模可起落数千米，超过陆地上最大的峡谷。大陆坡是大陆的边缘，故其底部才是大陆与大洋的真正分界。正是在这个分界处，地壳由于不同的地质结构而产生巨大的裂缝，出现了一系列狭长的深渊——海沟，它是洋底最深的地方。这一地带地壳至今仍在强烈活动着，多火山、地震。目前大洋中已发现20多条深海沟，大部分在太平洋，深度

一般在 6000 米以上，有的超过 10000 米。

（3）洋底：洋底是大洋的主体，占海洋总面积 80% 左右。洋底的起伏形态与陆地一样，十分复杂，但分布很有规律。在各大洋的中部，都有一条高峻脊岭，它彼此相接，全长约 8 万千米，贯通四大洋，统称大洋中脊。最为壮观的大西洋中脊宽达 1500～2000 千米，约占大西洋面积的 1/3，相对高度约 1000～3000 米，巍然耸立于洋底之上，呈 "S" 形，南北延伸。大洋中脊也是火山活动带，有火山露出水面就成为岛屿，太平洋中部就有很多这样的火山岛。大洋中脊的两侧，便是广阔的大洋盆地，海深一般有 4000～5000 米，这里分布有海岭、海峰、海台、海底高原，它们将整个大洋盆地分割成若干个海盆。海盆底部特别平坦，称为深水平原，在大洋盆地中分布面积最广。

海洋中最深的沟谷

马里亚纳海沟是世界海洋中最深的沟谷，它位于太平洋中西部马里亚纳群岛东侧。南北长 2850 千米，宽 70 千米，此海沟陡壁峭崖，估计已形成了 6000 万年。最大深度约 11022 米。如把珠穆朗玛峰放在里面，那么它的顶峰离海面还差 2174 米，海沟中压力将达到 1000 个标准大气压左右，加上缺氧，有人认为在此环境中无生物生存。

海底最长的山脉

海底山脉又称为海岭，位于大洋中央的海岭亦称洋中脊。大西洋海岭自北向南横贯大西洋中部，长约 1.5 万千米，宽 1500～2000 千米，是世界上最长的海底山脉。海岭露出海面，形成冰岛、亚速尔群岛和阿森松岛等。海岭中轴裂谷宽 30～40 千米，火山、地震活动频繁。海岭被许多横向断裂带切开，并错位形成线状槽沟与海岭似乎垂直。位于赤道附近的罗曼什断裂带，规模宏伟，使洋中脊错开 1000 多千米，将大西洋海岭分为南、北两部分。北大西洋海岭长约 10500 千米，大致呈反 S 形；南大西洋海岭位于赤道附近，长约 4500 千米。

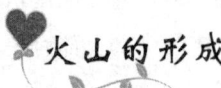

火山的形成

地球表面下的温度是越深越高，到了大约 32 千米的深处，温度可以使岩石熔化。岩石熔化因热而膨胀，需要更大的空间。地球上某些地区高山耸起。在这高耸的山脉下，压力减低，形成一个储存岩浆的地区。

岩浆沿着高耸山脉的隙缝上升，当岩浆的压力大于岩顶的压力时，岩浆会喷发出来，形成火山。火山喷发的时候，有些很热的气体、液体或固体物质喷射出来。这些喷射出来的物质堆积在火山口周围，形成圆锥状的高山。火山口是这座圆锥形火山顶上的凹陷部分。这个圆锥形山就是火山爆发的结果。

从火山里面喷发出来的物质，主要是气体。但是大量的岩浆和固体物质，也都会一齐喷发出来，实际上岩浆就是熔岩，都是由火山口喷出来的。当岩浆接近地球表面时，温度和压力都会降低，而且会产生物理和化学变化，使岩浆变成火山岩。

火山的分布

纽约、伦敦或巴黎附近没有火山，而且在最近的将来也不会出现。而世界某些地区却有许多火山。靠近太平洋的中美洲沿岸就是火山非常活跃的地区。事实上环绕太平洋的沿岸地区活火山数目就占了全球活火山的2/3，此外还有许多熄灭没多久的火山（也称休眠火山）。

原因很简单。这些地区的地壳很薄弱，或者与世界其他地区地壳的连接上有某些薄弱点，若是地壳上没有薄弱点，就没有火山的存在了。

火山的产生是这样的：地球的中央是热的，离地面愈深温度愈高，从地表至地心约 32 千米的深处，温度竟高达 1000～15000℃，在此温度下大多数的岩石都会熔化。

岩石熔化时会膨胀，需要更多的空间，世界的某些地区有些新近形成

的山脉（也只是几千年前的事），在这些山脉的下面和邻近区域，压力比其他地方小，而在坚硬的地壳上这就是一个弱点。地球内的岩浆乘机扩充到这种压力弱小的地壳部位，并且形成一个岩浆库。当库中所受的压力大于来自地壳顶部的压力时，岩浆就会喷发出来而成为火山，直到气体消失了，岩浆才会停止喷发。

从火山喷发出来的东西大部分是气体，夹杂着一些熔岩和固体物质，火山的爆发，实际上只是气体爆炸。

间歇喷发火山

世界上有些火山喷发的时间很有规律，有的甚至只隔几分钟就喷发一次，如果是在海边，它就成了最奇妙的天然灯塔。

中美洲萨尔瓦多沿海有座伊萨尔科火山，海拔 1885 米。它每隔 8～10 分钟，就向天空喷出巨大的高达 300 米的烟柱，同时向海中倾泻着炽热的熔岩。熔岩和海水相接触产生了大量的水气。

地中海西西里岛北部的利帕里群岛中，有个圆锥形的小岛，岛上的斯特龙博利火山，海拔 926 米，火山口直径约 580 米。长期以来，它每隔 2～3 分钟就响起一阵轰隆声，旋即喷出巨大的烟柱、蒸气和碎屑，直射数百米的高空。随后，烟柱在天空中弥漫开来，烟和灰尘随风逐渐消失。那里，原是深达 200 米的海底，由于火山的不断活动，从海底升起了岛屿。

这两座火山都位于沿海地区，都是定时持续喷发。每次喷发的烟柱，黑夜里被沸腾的熔岩映得通红，一明一灭，在离火山几十千米到 100 多千米的海上都能见到，成为过往船只明辨方向的天然灯塔。

为什么火山经常持续喷发呢？原来，它们的熔岩不太黏稠，喷出的气体很容易在熔岩中形成气泡，它越变越大，最后发生不很剧烈的爆炸，发出强烈的嘶嘶声。熔岩夹带着水气、烟灰升到高空，最后，一部分掉落到海里，一部分仍旧回到火山口里。

熔岩没有把火山口堵塞住，留下一些小的喷气孔。过一会儿，火山内部的气体又不断使熔岩膨胀，再次迸发出巨大的烟柱。就这样，火山持续而间歇地喷发着。

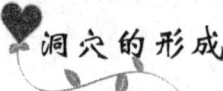

洞穴的形成

洞穴与人类历史一直是分不开的，而且说来也是一件颇有趣的事。我们知道在石器时代的后期，洞穴曾经是人类的住所。

后来人类虽然无需将洞穴当做房屋，但在古代人的心目中洞穴仍是非常神秘的。希腊人认为洞穴是诸神的庙堂，罗马人把洞穴看做水神与山神的家，古波斯人也利用洞穴膜拜土地神灵迈出拉斯。

到了现代，世界各地一些巨大而古老的洞穴已变成观光胜地。所谓洞穴是指山边或岩壁凹深的地方，较大的洞穴我们可称之为"窟"。

洞穴的成因各有不同。许多是由于海浪不断冲击岩壁而形成的凹洞。有些洞穴是在地面以下，由地下河岩层溶蚀而成，这种岩层以较松软的石灰岩居多。另外还有些洞穴是岩浆喷出造成的。有些洞穴的顶上有开口，这种洞穴往往最先是由于地面上的水流入其中，然后又渗到地底下形成的。另有些洞穴分布成排并且是多层的，其形成的原因是这样：地下水流至凹处，形成一些洞穴后，水流再往低处流便形成另一些洞穴，而前面的洞穴升高已变干了。

从洞穴顶上滴下来的每一个水滴都含有一点石灰质或其他矿物质，当一部分水蒸气蒸发后，便只剩下这些石灰质或矿物质，渐渐形成一条条钟乳石，像冰柱一样从顶上倒垂下来，水滴继续从钟乳石滴至地面，形成石笋。钟乳石和石笋上下连成一体成为石柱。

最长的洞穴

世界上最长的洞穴是美国肯塔基州的猛犸洞。总长度超过 240 千米，共有 5 层，上下左右均可通行，形成一个曲折幽深、扑朔迷离的地下迷宫。洞中有 77 座地下大厅，最特殊的有"酋长殿"，此殿可容纳数千人。还有"星辰大厅"等。洞内千姿百态的石钟乳和石笋五光十色，惟妙惟肖。洞中还有瀑布 7 个，水花飞溅，犹如"水帘洞"。人们还能乘小船在暗河上旅行，洞中温度始终保持在 12℃，空气洁净，是旅游的好场所，1936 年以来美国将此洞辟为国家公园，每年都有成千上万的游客前来游览那神奇奥秘的地下世界。

世界溶洞探秘

世界上一些奇异的洞穴，形形色色，说也说不完。这里介绍的是闻名世界的南斯拉夫喀斯特高原，是世界上最深的溶洞，也是世界上最长、最大的溶洞以及海底最大的洞穴。

南斯拉夫喀斯特高原是世界闻名的石灰岩高原，石灰岩绵亘几百千米，地面上满布着陷阱、石沟、石芽、竖井、落水洞、干谷、岩溶平原和异形的山峰，地下隐藏着巨大而奇特的洞穴。岩溶地貌形成十分典型，因此岩溶地形又叫喀斯特地形。

南斯拉夫溶洞很多，经国家登记的就有 1 万多个。波斯托依那岩洞是世界著名的，洞长约 24 千米，洞内的石柱、石笋和石钟乳，千姿百态，冰莹玉洁，璀璨夺目。有的钟乳石，只要手指弹击，就会发出叮咚的琴声。洞内除干线外，还有许多支路，支路的尽头，往往会突然出现一个大厅，也有的是一个无底深渊。溶洞里还有地下河道，有时泉水淙淙，有时急流奔泻，十分喧闹。波伊克河原是地上河，后来潜进岩洞，变成地下河；在洞内奔流了几十千米后，又重新从岩缝中流出来，变成地面上的文茨河了。地下河里栖息着一种无鳞、盲眼、鳃肺兼有的怪鱼。

洞内装饰着红、白、蓝、黄和绿色的彩灯，交相辉映，把洞穴打扮得神奇莫测。洞内有一条环形窄轨铁路，人们登上列车，在嵯峨怪石间蜿蜒前进，穿过缭绕的雾霭，尽情观赏景物。

世界上最深的岩洞是阿尔卑斯山勃朗峰附近的山洞。1982 年，法国里昂的一个洞穴学家小组曾下到让伊贝尔纳洞 1490 米深处，打破了他们上一年创造的纪录 1440 米。这次考察活动共 16 人，包括 2 名蛙人。洞的结构很复杂，洞穴通道要经过好几处积满水的水坑，人们叫它"水帘

洞"。在通往 1400 米深处途中，14 个成员担任了两个蛙人的搬运工。蛙人先经过 3 个"水帘洞"，第四个"水帘洞"太狭窄，已到了 1490 米深处，没法通过。

世界上最长的溶洞群是美国肯塔基巨洞国家公园里的猛犸洞。猛犸洞由 255 座溶洞组成。洞里地下大厅最著名的有中央厅、酋长殿、大蝙蝠厅、星辰厅、婚礼厅等。中央厅位于溶洞群的中部，里面有各种设备完善的旅游服务设施。酋长殿是其中最高大的一个大厅，长 163 米，宽 87 米，高 38 米，可以容纳几千人。

猛犸洞中，有一个从洞顶泻下的干涸了的石灰岩体，看来仿佛一道悬挂的瀑布，人们叫它为"冰冻的尼亚加拉"。此外，洞内却有 7 个真瀑布，分布在 3 条地下暗河上，还有个地下湖。有的水声轰隆，水珠飞溅；有的深邃宁静，好像一面镜子。最著名的要算死海、回声河和忘川湖了，每年 5 ~ 10 月间，水位升高，人们泛舟湖上，旅行在暗河之中，别有一番情趣。

世界上最大的地下岩洞是美国墨西哥州卡尔斯巴德岩洞中的大屋洞。卡尔斯巴德岩洞是一个奇异的地下世界：那高耸的石洞中，可以容纳一座摩天大楼；那曲折幽深的隧道，仿佛是个地下迷宫；那五光十色的石笋、石钟乳，千奇百怪，宛如人间的奇景。

大屋洞是卡尔斯巴德岩洞群中最大的洞穴，它最大长度为 550 米，洞高 25 ~ 77 米，面积 0.56 平方千米。在 400 米深处，有这么巨大的洞穴，是世界所罕见的。

另一个长 1000 多米的蝙蝠洞，栖居了大约 800 万只蝙蝠。白天，成群的蝙蝠倒挂在洞顶休息；傍晚，蝙蝠群开始从洞穴向外飞去，在天空中形成一条长几千米的黑色"长蛇阵"。到第二天清晨，蝙蝠群零散飞返洞内，在洞穴上方高空急剧俯冲，飞进洞中，也要 2 个小时左右。而蝙蝠洞中的蝙蝠从洞中呼啸而出的那种惊心动魄的景象，蔚为世界一大奇观。

我国湖北省西部森林保护区新发现的利川腾龙洞，长约 8.5 千米，总面积达 62 万平方米。洞里有一座大厅，两座小山山高 100 米和 200 米，山腰雾气缭绕，股股泉水流泻，形成无数小沟。洞口高宽各达 60 米，长 170 米，洞内可容纳 21 层楼高的大厦，可摆下 30 多个足球场。这个溶洞比美国卡尔斯巴德岩洞还要大，堪称世界最大的岩洞。

巴哈马群岛安德罗斯岛附近海域，有一个闻名世界的最大的海底洞穴——巴哈马大蓝洞。它全长800米，洞中都是奇形怪状的钟乳石和石笋，千姿百态，有的像香蕉、锁链，有的像水壶，组成了一个神奇的迷宫。全部洞穴淹没在水下，它直通大海，又叫它"无底洞"、"海穴"。洞壁上长满了各种海绵，洞里有青花鱼嬉戏悠游。

为什么大蓝洞位于水面下呢？原来，巴哈马群岛是一道巨大的石灰岩山脉露出海面的部分。距今100万年前，地球上遍布冰川，那时候的海平面比现在要低200米左右，石灰岩经过雨水、流水的侵蚀，变成洞穴。距今1.5万年前，地球气候转暖，冰川大量融化，海平面升高，巴哈马群岛上的一部分陆地沦为海洋，大蓝洞也就淹进海水里了。这一带是沉降区，至今还以1万年30厘米的速度下沉着，加上这里大河很少，沉积物少，而水流较急，少量的沉积物也都被水流冲走了，因此大蓝洞没有被泥沙掩埋掉，一直存留到现在。

地质与地貌

DIZHI YU DIMAO

最长的悬崖

澳大利亚的中部平原，海拔在200米以下，为沉积岩层所覆盖，地表很少起伏。北部叫卡奔塔利亚平原，中部是大自流盆地，南部是墨累—达令河平原，沿大澳大利亚湾沿岸是一个干燥剥蚀的纳勒博平原。

纳勒博平原上覆盖着一层薄薄的土壤，只生长有矮金合欢丛、滨藜和地肤植物。雨水渗入地下，沿着悬崖汇成山泉。地下石灰岩中，到处是洞穴，有的洞穴因坍陷而成为洼地，最宽的达4.8千米，深6米。平原的一种奇特现象是，那些石灰坑与洞穴相通。由于洞内外气压的不同，它们吸进或排出空气。

"纳勒博"三字是拉丁语，一说是"没有井"的意思；另一说却是"没有树木"的意思，这真实反映了纳勒博的单调景色和缺水的特征。

纳勒博平原海拔60～120米，是世界上最平坦的平原。从这里向南延伸，一直到大澳大利亚湾，平原边缘突然以陡峭的断崖直插海水中。

纳勒博海岸成为一条陡峻、锯齿状的岩壁，蜿蜒地延续不断，长达190千米，平原距海平面最高的地方达100米。从海轮上平眺纳勒博平原，或从飞机上俯瞰沿海海岸显得雄伟壮丽，它的奇观令人惊叹，说得上是世界上最长的峭壁了。据地质学家研究确定，纳勒博平原曾经是一个古海底，在距今100万年前，由海底上升变为平原。平原的海岸是峭壁，向内陆延伸约240千米，平原的基底是软石灰岩，厚达270米。石灰岩地层由于长期的侵蚀作用，多洞穴，地下水渗漏，地面植物很稀少了。

最大的自流盆地

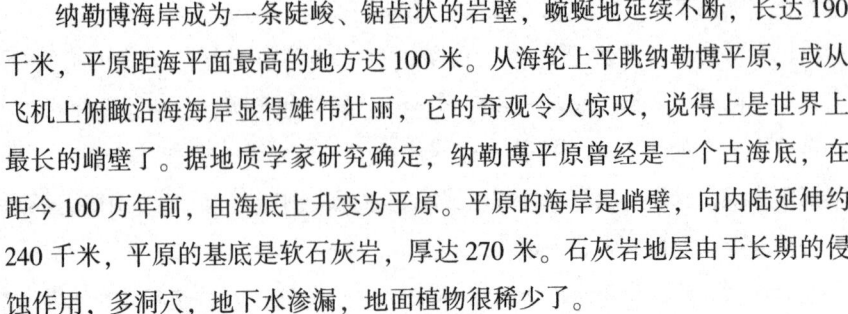

世界上最大的自流盆地位于澳大利亚中东部，海拔在200米以下。以埃尔湖附近为最低，湖面在海平面以下12米。

埃尔湖的面积约8200平方千米。有趣的是，这个湖是个时令湖，每隔3年多，就要周期性"消失"一次。原来。埃尔湖的水源主要是河水和雨水，只要当年雨量稀少，水分大量蒸发，常常会干涸，因此它时而出现，时而又消失了。

埃尔湖是个大湖，暴雨来临时，湖里灌满绿色混浊的水，湖的周围，绿草繁茂，生机勃勃，能改变大陆中部干旱的大陆性气候。但是在干旱年份，降水稀少，阳光强烈，水分被蒸发尽，变成厚厚的盐层，湖消失不见了。

大自流盆地上河流很少，但地下水丰富，地面自喷井到建可见。澳大利亚是一个气候干热的国家，有这样大的自流盆地存在，确是一件幸事。由于井水含盐分太高，不宜用来灌溉农田，一般可作牲畜用水。大自流盆地有176万平方千米面积的地下水可供畜牧用，有23万平方千米面积的地下水可供草原灌溉。

为什么澳大利亚有这么大的自流盆地呢？原来，这里的地质构造是一个大向斜，东部山地地层向西倾斜。盆地地下含水层，是侏罗纪多孔砂岩。含水层上下为不透水层，下层为古生代沉积岩不透水层，上面为白垩纪页岩不透水层。砂岩含水量来源于降水丰富的东部高地，随着雨水的渗透作

用，一部分降水沿渗水层流入盆地中部。由于地势东高西低，水源压力很大，降水可源源不断地向盆地中部运行。透水层成为巨大的地下水"贮存库"，不透水层成为受压很大的承压层。只要人们在上部承压层凿井、穿眼，地下水就可很快喷出，形成"自流水"。

峡谷的形成

大峡谷是地球最壮观的景色之一，从某种角度来看，像是一座岩石的魔城，里面有庙宇、有尖塔、有城堡，真是多彩多姿。

令人惊异的是大峡谷是由河流造成的。科罗拉多河的河水，经过几千年的川流不息，开辟出了大峡谷。当你想到许多地方的坚硬岩石，竟被水磨掉的时候，你会赞叹这些河水所具有的巨大力量。就是现在，河水仍在继续摩擦着河床，使谷底逐年地加深。

在某些地方，大峡谷有 500 多米深，宽度是 6~29 千米。河水把高原冲刷成了峡谷，从耸立在河两岸的石壁上，我们可以看出地球千百万年的历史。峡谷底部的河水两岸，展露着古老的石英岩，这些石英岩曾构成古代的山脉。重重叠叠的山脉，经过风吹雨淋，渐渐地被夷为平地，又经过千百万年的河水冲刷而形成了大峡谷。

现在峡谷里的科罗拉多河床是石英岩、砂岩和石灰岩。从这些岩石中，我们发现有许多海藻、贝壳以及鱼类的化石，说明这里曾是海洋。

最大的峡谷

1994 年 4 月 13 日我国科学家经多次考察论证，向世人宣布：最大的峡谷在我国。雅鲁藏布江大峡谷集两项世界纪录于一身，即它的核心峡谷河段平均深 5000 米（最深达 5383 米），长 4963 千米，成为世界之最。

1998 年 10 月 18 日，经国务院批准命名为雅鲁藏布大峡谷，罗马字母拼写为 Yarlung Zangbo Daxiagu。

雅鲁藏布江是世界最高的大河。雅鲁藏布江在藏语中是"天河"的意

地质与地貌

DIZHI YU DIMAO

思，是西藏人民的母亲河。它源于青藏高原的西端，从西向东横贯青藏高原西南部。在喜马拉雅山和冈底斯山—念青唐古拉山之间是雅鲁藏布江谷地，谷地一般宽5~10千米，是西藏主要耕作区。沿途有许多河流汇入，雅鲁藏布江水量很大。全长2093千米，江水流经东经95°附近大拐弯处，冲成一段世上罕见的大峡谷，即雅鲁藏布大峡谷。

大峡谷是印度与欧亚两大板块碰撞的杰作。雅鲁藏布江沿喜马拉雅山北麓，由西向东奔流，到达西藏米林县的派区后，便切开喜马拉雅山脉，围绕高耸入云的南迦巴瓦雪峰（高7~782米），做了神奇的大拐弯后，入墨脱县，最后到国境线附近巴昔卡进入印度。

雅鲁藏布大峡谷是怎么形成的呢？大峡谷内侧分布着一套总体呈东北走向的岩带，测定这套岩带的年龄有7.49亿年。它记录着印度板块与欧亚板块的碰撞。在中生代白垩纪时，南迦巴瓦峰的位置相当于当今的北纬13°左右，而现今为29°39′，这是随着陆地的漂移，已北移了16纬度。

由于雅鲁藏布大峡谷是印度洋南部的水汽进入青藏高原的主要通道，这里就形成了独一无二的自然景观，你可以从高5000米、距离50千米的范围内，经历从极地到赤道的环境体验。

这里有丰富的多样性气候资源。在海拔1100米以下为常绿季风雨林地区，平均气温在16~18℃，适宜种植热带、亚热带经济林木和果树，以及喜湿农作物。在海拔1100~2400米的常绿半常绿阔叶林地区，年平均气温11~16℃，适于种植亚热带、温湿带果树及经济作物。在2400~3800米的亚高山常绿叶林带，年平均气温为2~11℃，适于种植青稞、冬小麦和油菜、马铃薯等耐寒农作物，也是用材林的生产基地。3800米以上气候寒冷湿润，生长着大片草甸，是夏季放牧的优质高原牧场。

这里是生物多样性资源最丰富的地区。维管束植物有3768种，占西藏高原植物的2/3；大型真菌680余种，占西藏真菌种类的78%；鸟类232种，占49%；两栖爬虫类动物31种、昆虫2000余种，等等。

这里密布悬崖峡谷，层峦叠嶂，百折千回，水流湍急，落差极大，瀑布很多，因此水能资源丰富。水能资源储量为1亿千瓦，占西藏水能贮量的1/2，占全国的1/7。

大峡谷地区现代冰川面积超过4800平方千米，蕴藏着丰富的冰雪资源，起着天然冰库的作用。

建国50年来，我国科学工作者进行了多次、多学科的探险考察，取得了丰硕的成果。1998年10～11月，又组织了"98我国雅鲁藏布大峡谷科学探险考察队"，实现了人类首次徒步穿越世界第一大峡谷的创举。从派区的大渡卡到墨脱县的邦博，长约240千米，作为峡谷的腹地，一直无人走过，其中有近100千米河段为无人区，这里无路可走，河床陡峭，树木乱石密布，野兽毒虫出没……这次探险考察已成为20世纪末人类探险史上一次伟大的壮举。我们预期着在21世纪，雅鲁藏布大峡谷的开发利用将充分地显现出来。

最大的海峡

莫桑比克海峡是世界上的海峡之冠，它位于非洲大陆东南岸和马达加斯加岛之间，南北长1670千米，平均宽度450千米，北端最宽达960千米，最深处3533米。

莫桑比克海峡绝大部分位于热带，莫桑比克暖流自北向南流，气候终年炎热多雨，多珊瑚礁。

海峡是南大西洋与印度洋间航运的交通要道。海峡北口中央的科摩罗群岛和西南面莫桑比克的马普托港为海运的重要战略之地。

莫桑比克海峡

天气和气候

天气是指经常不断变化着的大气状态，既是一定时间和空间内的大气状态，也是大气状态在一定时间间隔内的连续变化。如云、雾、雨、雪、冰雹、雷电、台风、寒潮等都是我们常见的天气现象。

气候是长时间内气象要素和天气现象的平均或统计状态，时间尺度为月、季、年、数年到数百年以上。气候以冷、暖、干、湿这些特征来衡量，通常由某一时期的平均值和离差值表征。

复杂多样的天气

天气是指短时间或一定时间内风、云、降水、温度和气压等气象要素连续变化的综合现象。

日常生活中所讲的天气，是指影响人类生活、生产的大气物理现象和物理状态，如晴、阴、冷、暖、干、湿等。所以天气是复杂的、多变的，而且与人民生活、生产息息相关。

1978 年世界气象组织和国际科协理事会共同筹建了"世界天气监视网"。截至目前有 146 个国家和地区参加。我国的北京气象中心就是这个网中亚洲区域中心之一，负责收集、传递全球和全国的气象情报，并定时发布各类天气预报，避免了自然灾害性的天气，减少了人民生活、生产中许多不必要的损失。

♥ 天气变化的主导——气团

当你在一个秋高气爽的季节，坐船沿长江顺风而下，一路都会感到天高云淡，风和日丽，气爽宜人。这是为什么呢？原来这一带都处在气温、湿度、天气等相类似的同一块空气中。人们将这种物理性质较均匀的大块空气称为气团。气团根据它移经的地区冷暖程度不同，而又分为冷气团和暖气团2种。

不同的气团就会形成不同的天气，如北方一个冷气团向南方移动时，所经地区暖而潮湿，那么气团温度逐渐升高，气团中水汽增多，往往形成阴雨天气。

气压系统地球上千变万化的风是怎样形成的？而风为什么会从高压吹向低气压？这就要从气压系统中找出答案。

气压系统即等压线表示高、低气压区域。可分为高气压、低气压、高压脊、低压槽。在一张弯弯曲曲的等压线平面图上，我们可以分辨出，等压线闭合起来的地区，如气压高于周围，就称为高气压；反之则为低气压。在高压区气流受地球转动的影响，在北半球向右偏，在南半球相反。高压区天气往往晴朗少雨。低压区空气上升，常常伴有云、雨和大风。风就是这种空气的流动形成。在海拔相同的平面上，中心气压高于三面周围的气压，而低于一面时，称为"高压脊"；反之称为"低压槽"。

♥ 极光的形成

当夜幕降临时，在极地上空常常燃烧着游动的彩色光带——极光。

极光是一种高层大气的发光现象，通常只出现在南北半球的高纬度地区，但中低纬度地区偶尔也可见到。1957年3月2日晚上7点钟左右，我国黑龙江省漠河一带就出现过几十年少见的极光；同年9月29日到30日夜晚，我国北纬40°以上的广大地区，也曾出现了一次少见的瑰丽的极光。

在自然界里，再也没有比极光更绚丽、更迷人的景观了。

极光的形成与太阳活动、地球磁场和高空大气都有关系。由于太阳的激烈活动，放射出无数的带电微粒。当带电微粒流射向地球，进入地球磁场的作用范围时，受后者影响，便沿着地球磁力线高速突入到南北磁极附近的高层大气中，激起空气电离而发光，这就是极光。我们知道，指南针总是指着南北方向，这是因为受地磁场的影响。由于地球的磁极在南北极附近，从太阳射来的带电微粒流，也要受到地磁场的影响，而且总是偏向于地磁的南北两极，所以极光大多出现在南北两极附近。

极光形态多变，有的如光幕，有的像光冕，有的如光斑、光带、光弧，有的似光束、光柱；结构或成片状，或为线状，或为斑状，色彩鲜艳夺目。极光为什么会五彩缤纷呢？这是因为空气是由氧、氮、氢、氖、氦等气体组成的。在带电微粒流的作用下，各种不同的气体所发出的光也不相同，因此就有各种不同形状和颜色的极光。

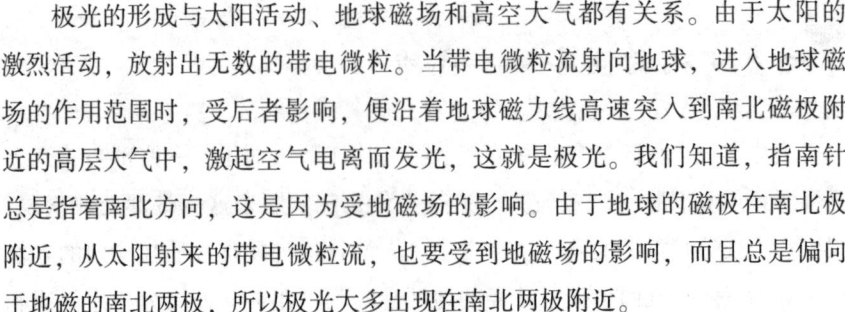

海市蜃楼的成因

当一个沙漠中的流浪者濒临渴死时，看见远处出现一泓清亮的湖水，四周绿树围绕，他欣喜地走去，但那景象却逐渐消失，他的周围除了炎热的沙漠什么也没有！

原来他看到的湖不过是一种幻影，是所谓的"海市蜃楼"罢了。这到底是怎么产生的呢？

由于大气的某种特殊情况，大自然似乎作弄我们的眼睛，让我们看到虚幻的美景。首先我们应明白，能看见东西是因为这些东西所反射的光线投入了眼睛。而光线是以一条直线射入眼睛，因此当我们眺望远处时，我们只能看到水平线上的物体。

现在我们来看看大自然在光线上玩了什么花样。在沙漠中，它的上空有一层很厚的空气，这就像地面上空的镜子。如果有一个我们所看不到的物体（在地平线以下），但从这物体反射的光线投射到沙漠上面那层空气，然后再反射到我们的眼睛时，我们就会觉得那景物在地平线上，我们的眼睛真的"看到了"不可能看到的景物！远处的天空有那层厚空气形成的镜面之后，有时看来就像湖水或其他景象，即所谓"海市蜃楼"。

热天爬山时，快爬到山顶你会看到前面的路很潮湿，其实这也是幻象。你所看到的是天空的光线被路面上热空气折射的效果。

在海上行驶的船只有时也能看到海市蜃楼的奇景。它产生的条件是，接近水面有冷空气，而冷空气上方是暖空气。我们有时可看见在水平线以下远处的船，因为光波从船体射至空中的暖气层，经反射后，我们就可以看见一艘船在天上航行。

世界最著名的海市蜃楼奇景之一发生在西西里岛，横越麦西那海湾时，麦西那城堡反射在空中，使一座美丽的城市看来虚无缥缈，若隐若现。

气旋的形成

气旋是风暴的一种。风暴只是空气迅速从一个地方向另一个地方移动。在北半球，温热的空气自赤道向北方移动，而北极地区干冷的空气向南方移动，当这两种性质不同的空气相遇的时候，便形成气旋。

这两种气团不会混合。它们相遇以后，形成了一道明显的界线，这种界线称为"锋面"。当热气团继续前进，遇到冷气团后，会沿着冷气团的边缘上升，变冷，热气团中的水分因变冷而凝结，就形成云。

当热气团上升时，气压会逐渐下降，形成一个低气压区，风会绕着低气压中心以反时针的方向吹拂。低气压区就是气旋。这种气旋的直径有大有小，通常是 640～1600 千米。

云的简介

云是大家几乎天天看到的一种天气变化，云是由悬浮在空中的大量微小水滴或冰晶组成。云主要是由于暖气流上升，气温降低形成的。只有气流上升高度超过凝结高度时，才有可能形成云。

云的外貌各有特征，它不仅反映了大气的运动、稳定程度和水汽状况。而且也是天气变化的重要征兆。按云底的高度和形状云可分为 4 个族：①高云（6000~8000 米），该云一般不产生降水；②中云（2000~6000 米），可发生降水；③低云（高度 1000~2000 米），常产生大量降水；④直展云（100~2000 米），可产生阵性降水。

目力估计云蔽天空的份数称云量。我国规定：将天空划为 10 份，云所蔽的份数为云量。我国云量分布总趋势为东南多，西北少。

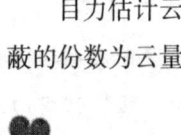

风的简介

气象学上把空气在水平方向上的运动称为风。通常用风向和风速表示。风能促使干冷和暖湿空气变换，是天气变化的主要因素之一。风是一种自然能源。风向常以 16 或 8 个方位来表示。风速是单位时间内风的行程。常以米/秒、千米/时、海里/时表示。根据风的速度可分为 0~12 级。根据风的大小可分为台风、龙卷风、海陆风、焚风、阵风等。前几种为毁灭性的，破坏力极大，通常给人们带来难以弥补的损失。

观察风向以及辨认其来自何方有 2 种方式：①站在小区域的角度，②从整个地球的角度辨认风向。

在你生活的周围小地区可能也有气压差别，你会感到风的流动，尤其是住在靠近海岸的地方，每天都可发觉地区性气流移动现象。白天陆地变热，空气上升，海面冷风便趁机吹入陆地。到了晚上陆地变得比海水冷，海上的热空气升至海而上空，而从陆地吹出的冷风便取代了升高的暖空气。

整个地球气流移动与地区性气流移动的道理相同。

地球最热的地区是赤道地带，因此总有一条热空气从那个地区升至上空。这条热空气向南北方向流散，然后移至南北纬 30°附近，再向地面下沉，下沉的气流再沿地表流向赤道与南北两极。如果地球不转动，这些风就只是北风或南风。但地球不停的自转使北半球所有的风都偏右，而南半球的风都偏左。下沉的气流吹向赤道的风，称为"贸易风"，也叫信风；而向南北两极吹送的风，称为西风。

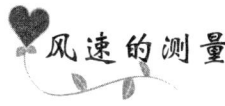

风速的测量

在台风的日子里，风吹的速度看起来好像很快。这时你会听到气象报告说："风速每小时 10～15 千米"。风速很容易为一般人所忽略，但是对某些人来说，知道确实的风速是相当重要的。因此测量风速也有科学的方法。

第一具测量风速的仪器，是英国的胡克在在 1667 年发明的。这种仪器叫风力表。现在风力表有很多种，最常用的一种是在直轴上安装数个半球形的铝杯。铝杯会随风转动。风愈大，转动的速度也愈快。计算单位时间内铝杯转动的次数，就可以计算出风速是多少。

当人类开始飞行后，必须测量出高空的风速。最初的方法，是把气象探测气球升到天空中，然后用特制的望远镜观察。但是当云层把气球遮住的时候，这种方法就没有用了。到了 1941 年气象雷达发明了。用雷达观测气球，就是有云也丝毫不受影响，因此能方便地测出高空的风速。

人类很早以前就对风的方向很感兴趣。在公元 900 年的时候，人们就已经知道在教堂的屋顶装上风标，以显示风吹的方向。

季风的形成

季风与气候有密切的关系。在温暖的季节里，风从海洋吹向陆地；在寒冷的季节里，风从陆地吹向海洋。在温暖季节里由海洋吹向陆地的风，会带来雨，在寒冷季节里吹向海洋的风是干燥的。

亚洲东部、东南部和南部，面临太平洋和印度洋，海陆面积都很大。由于水陆的性质不同，吸热和散热量有差别，形成了大陆和海洋的气温和气压的高低不同。

夏季，大陆比大洋热得快，气温高，空气受热膨胀上升，形成低气压，吸引海面上比较冷的空气来补充，因此风就从海洋吹向大陆，这就是夏季风。

冬季，大陆的气温比海洋低得多，这时候，大陆上形成了高气压，海

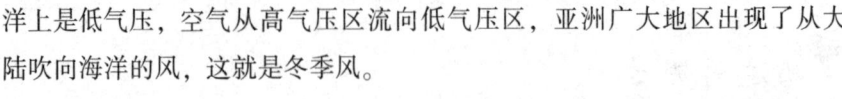

洋上是低气压，空气从高气压区流向低气压区，亚洲广大地区出现了从大陆吹向海洋的风，这就是冬季风。

季风一词，出自阿拉伯语 Mawsim，原意是季节。一般指大范围地区的盛行风随季节而改变的现象。原来，阿拉伯海周围的风向，随季节的变化特别明显。一年中，5～10月，盛吹西南风；11月到次年4月，盛吹反方向的东北风。年复一年，季风由此而得名。

同是季风区域，由于各地所处的地理位置不同，气候也不完全相同。东亚大部地区是温带季风气候，夏季炎热多雨，冬季寒冷干燥。东南亚和南亚大部地区是热带季风气候，不同的是，东南亚分明显的干、湿两季，南亚则分凉、热、雨三季。

夏季，低气压出现在大陆上，进入亚洲的季风来自3个地区：①源于太平洋，以南风向北挺进到我国东部、朝鲜和日本；②源于东经100°以西，赤道以南的印度洋，东南信风越过赤道，在低气压吸引和地球自转的影响下，偏转成强劲的西南季风，吹向阿拉伯海和南亚；③源于东经100°以东、赤道以南的澳大利亚上空的副热带高气压带，越过赤道，经马来群岛向北挺进，通常在菲律宾以东，同第一支气流会合。

冬季，从亚洲大陆北部高压区南下的偏北或西北季风，笼罩着我国、朝鲜和日本，它特别强劲，一直可抵达南海上空。后来，它会合了来自太平洋的东北风，继续向西南劲吹，经过马来半岛，形成东北季风。

我国是季风盛行的国家。夏季，偏南风把海上的凉湿空气源源送上大陆，使大部分地区雨量集中。我国夏季普遍高温，加上多雨，作物生长旺盛。冬季，冷空气频频南下，刮起偏北大风，使气温寒冷而干燥。"南风之熏兮，可以解吾民之愠兮；南风之时兮，可以阜吾民之财兮。"我们的祖先对夏季风作了赞歌。它的意思是说，南风的煦和，可以解除人民的炎暑（指沿海地区）；南风的及时（指高温多雨的配合），可以增加人民的财富。

本来，我国长江流域处于副热带高气压带，一般降水少，蒸发大，许多地方可能成为沙漠。然而，由于夏季风的劲吹，长江流域没成为沙漠，反成了富饶的"米粮川"。当然，季风也有不利的一面，如1954年我国出现的长江流域大水和1959年全国性夏旱等，都和季风活动的不正常有关。

世界的风极

我国暴风最多的地方是位于台湾海峡中的澎湖列岛，一年中有 138 天刮 8 级大风。这是由于海峡像一个风口，岛屿上很平坦，海上空气流动的阻力小，风变得更加频繁和强烈了。由于岛上长年吹刮大风，使土地变得很贫瘠，连树木也变得稀少了。

南极洲的风暴更多、更盛行，被称为"暴风王国"。

南极洲阿德尔地区的德尼森角是一个巨大谷地的谷口，真是个名副其实的"风都城"。一年中有 340 天刮风暴，全年平均风速 19 米/秒，相当于长年刮 8 级风。1912 年 5 月，测得平均风速为 27 米/秒，相当于这个月每天刮 10 级风。5 月 15 日的日平均风速达 40.2 米/秒，相当于刮了一整天 12 级（风速 33 米/秒）以上的大风。它被称为"世界风极"。

1951 年 2 月 22 日，在"风都"又测得日平均风速 45 米/秒，阵风达 92.6 米/秒。南极洲是个高原大陆，长年为高气压控制。强烈的冷空气向低气压流动，从陆地高处冲向海洋，暴风从冰川上卷起雪粒，力量大得惊人。它可以磨断绳索，擦亮金属，甚至在沿海小片岩岗上雕刻出奇形怪状的花纹来，仿佛是古代城堡、塔楼和宫殿的遗迹。

在暴风中，常常会出现"雪龙卷"，一排排连续不断的雪粒，冲向天空。头一个雪龙卷高达 1 千米，后面一些较小的雪龙卷也急起直追，最后汇成一个巨大的雪柱。暴风能把 200 千克重的大油桶轻易地举起来，并抛到 10 多千米外的冰山顶上。

南极洲的许多大冰川，从大陆中部向四面八方缓慢移动着，形成了许多大裂缝，裂隙间渐渐被风雪搭建成雪桥。暴风从一端吹压着裂缝里的积雪，向另一端抛将出去，仿佛是一个巨大的"间歇喷泉"。

风速最大的世界纪录是 1958 年 4 月 12 日在美国东部 1916 米高的华盛顿山上测得的，极端最大风速为 103 米/秒（时速 371 千米）。

 大气环流

大气不但以水平、垂直的方式运动，而且还像一部日夜不停地运转的机器环流运转。

环流运动就是大气沿一定的环形路线循环运动。环流是大气中热量交换、水气输运的重要方式，是形成各种气候和天气变化的主要因素。大气环流一般分为3个等级：①最大的一级环流，规模巨大，全球运转，如东风带、西风带等，总称为行

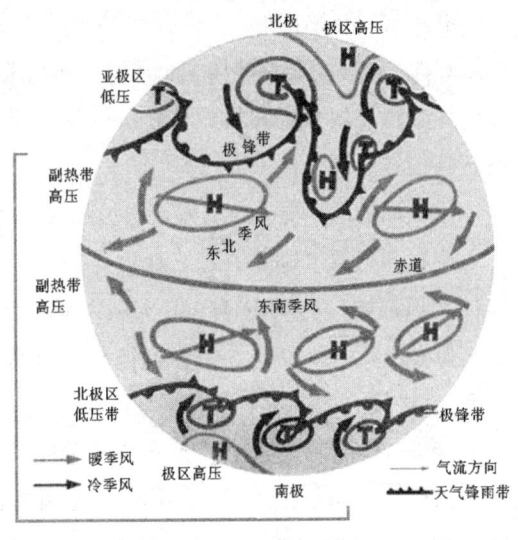

全球大气对流模式

星风带；②二级环流范围较小，如季风、气旋、反气旋等；③三级环流范围最小，如海陆风、山谷风等。一般大气环流主要是指全球范围内的行星风系。

 霞的作用

清晨日出前后，我们有时可以看到鲜红艳丽的光彩映照在东方天空或云层上，使蔚蓝的天空显得更加瑰丽。但是过不多久，云层很快布满整个天空，接下去就淅淅沥沥地下起雨来了。而当乌云密布的日子里，如在傍晚或日落前后，我们在西边天空或云层上看到这种鲜红艳丽的光彩，它却又预示第二天天气将转晴。这是什么道理呢？

原来这种鲜红艳丽的光彩，气象学上称为"霞"，早晨出现的称为早霞，傍晚出现的称为晚霞。它是当太阳在地平线以下时，阳光通过大气层

经空气散射而形成的彩色光带。靠近地平线处，由于阳光通过的大气层最厚，波长短的各色光线几乎全被散射，因此，我们看到的是剩下来的红光。再往上一些，阳光通过的大气层稍薄一些，散射得稍少一些，所以出现橙黄色。大气的散射，与大气中水滴、尘埃多少以及大气层稳定程度有关。天气转雨前，空气中的水滴、尘埃增多，霞的颜色越红。

出现早霞，说明大气中的水气和小水滴已经增多，而且云层已从西方侵入本地，故可预示未来很快将转阴雨。

出现晚霞，说明西边已经雨止云消，天气转晴，而且大红色和金黄色的晚霞，还常常表明大气稳定度转好，故可预示未来天气将转晴。

❤ 茫茫的迷雾

雾和云都是由于温度下降而造成的。地面上的水蒸发后飞散到空中，经过冷凝积聚而变成云。如果水蒸气在近地面的低空受了冷，凝结成小水滴，积聚在一起阻碍了人们的视线时，就成了雾。因此，雾实际上也可以说是靠近地面的云。

人们常见的雾有辐射雾、平流雾2种。

辐射雾大都发生在冬天晴朗的早晨，由于白天温度一般比较高，但是到了夜间，温度下降了，空气中能容纳的水汽就减少了，如果那时空气中的水汽较多，就会使一部分水汽凝结成为雾。特别在冬天，由于夜长，而且出现晴天风小的机会较多，地面散热比夏天更迅速，接近地面的温度急剧下降，这样就使得近地面空气层中的水汽，容易在后半夜到早晨达到饱和而凝结成小水滴，并且浮在近地层的空气中，从而形成雾。所以，冬天的早晨常常有雾。这种雾称为"辐射雾"。

平流雾又叫海雾，大多发生在春夏之际，当暖空气流经较冷的海面或陆面时，温度下降，水汽就凝结起来，在沿海地区形成了雾。

冬天的早晨出现雾，这一天的天气一般都是晴朗的。这是因为白天太阳照射地面，地面积累了大量的热，由于水分的蒸发，温度较高的空气也能够容纳较多的水汽，因此空气中的水汽比较多。太阳下山以后，热量就

开始向空中散发，接近地面的空气的温度也随着降低，天气越好，天空中的云越少，地面的热不受任何阻碍，散发得越快，空气温度也降得越低。到了后半夜和早晨，地面空气的温度已经降得很低了，这时候，就是在室内，我们也很容易感觉到比上半夜冷得多。接近地面的空气温度降低以后，空气里的水汽超过了饱和状态，多余的水汽就凝结成细小的水滴，分布在低空，这种雾通常产生在高气压中心附近。所以出现这种雾的时候，尽管早晨浓雾弥漫，只要太阳一出，把雾气蒸散，就会出现晴朗的天气。

雾的分布

我国的海雾在漫长的海岸线上都有发生。每年从2月到8月，我国沿海各地从南往北，是全年雾最多的季节。先是福建沿海，然后长江口附近、黄海沿海相继出现海雾。

我国山东半岛成山角外海，每年7~8月，这里的浓雾经常几天不让太阳露脸。一年之中，海雾多达80天以上，成为我国雾日最多的海区，被称为我国的"雾窟"。

成山角海岸位于渤海出海口，常年为渤海冷气团南下的通道，这种冷气团同海面上空的暖气流之间形成悬殊温差，容易使低空水汽积聚，使贴近海面的空气出现小的雾滴。雾滴随风飘荡，扩散，很快播散到上空。而贴近水面的空气继续形成雾滴，不断向外扩展，雾就越来越广，越变越浓，使雾区连绵几十、几百千米，厚达几百米、上千米。

世界上雾特别多的地方，是在北美洲的东部纽芬兰岛附近，最多的月份，每月平均有20多天是雾天。再如弗琴岩附近，一年里几乎半年是雾天，夏季里10天中8天有雾。

海雾是航海的大敌。在海难事件中，同海雾有关的占了1/4。1955年5月11日，日本"紫云丸"号同另一艘船在浓雾中相撞，死168人，成为雾航中的一个大悲剧。

英国的伦敦，曾有"世界雾都"的称号。过去，平均每5天就有1天是雾天。一旦发生大雾，常常连续几天不散，造成严重的"雾害"。汽车慢

得像蜗牛爬，船不得不鸣笛前进。满眼迷雾茫茫，街头虽有路灯，能见度却很低，10 米之外的东西只是模糊一片。近年来，政府采取了一系列措施来加强环境保护，伦敦上空很少见到滚滚的黑烟和灰黄色的浓雾，面貌已焕然一新。

世界上雾日最多的城市是我国重庆，那里冬春两季雾霭茫茫。早晨，整个山城雨雾蒙蒙，到中午才渐渐消散；有时一连数日笼罩在迷雾之中。重庆全年平均雾日有 103 天，最多达 206 天，平均 2 ~ 3 天就有 1 天是雾天。

我国雾日最多的地方是峨眉山。1953 ~ 1970 年间，峨眉山年平均雾日达 323.4 天，最多一年达 334 天，最少的一年也有 309 天。可以说，峨眉山几乎天天有雾。

峨眉山的雾，山顶山麓雾少，形成了奇异的景观：雾岛。云雾缭绕山腰，静如练，动如烟，轻如絮，阔如海，白如棉。在山顶之上，人们眺望脚下那云飞雾罩、雨雾弥漫的景观，仿佛置身于缥缈奇幻的仙境中。

露的简介

自从亚里士多德时代以来，许多人都认为露水像雨一样是从天上降下来的，但事实上露水根本不是降下来的。我们经常在树叶片上看到的"露珠"，现在已被证明根本不是露，可见我们对于露的认识已错误到什么程度！

为了了解什么是露，我们必须先了解我们四周的空气。所有的空气都多少含有湿气，而且温暖的空气所含的水分比冷空气多。当空气与冷却的表面接触，一部分空气便凝结起来，其中的水汽便储存在接触面上，形成小粒的水珠，这就是露。

不过冷却的表面温度必须降至某种程度以下，才能形成露水，而这种温度被称为露点。举例而言，如果你在玻璃杯或金属盛水器中装入水，杯子或金属盛水器表面并不会结露；如果装入一些冰水，也不一定会结露——除非盛器的表面湿度能降至露点以下。

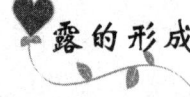

露的形成

在自然界中露是如何形成呢？首先必须有含湿气的暖空气，而且暖空气必须要与冷却的表面接触。露珠不会结在地上或人行道上。因为被太阳晒过的地方能一直保持温暖，所以露仅能结在草叶或树木上，这些表面较易冷却。

那么上面为什么说在植物上的露并不是真正的露呢？因为我们在早晨的树叶和小草上看到的湿气只有一小部分是露，而绝大部分，有些甚至是全部，都是从植物本身散发出来的！树叶的气孔会将水汽送出表面，这是植物从泥土中吸取的水分，用来灌溉树叶的。这种作用从白天就开始，使叶片的表面能在烈日下不至于晒枯。此作用一直持续到晚上。

某些地区由于露水很充足，因此每天晚上的露水都可以聚集起来引进露潭内，以供牛羊饮用。

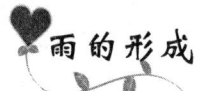

雨的形成

下雨是综合太阳、地球和大气的影响而产生的。此过程是始于地上受到太阳的热，而使海洋、河湖以及湿土里的水转变成水汽，水汽再与空气混在一起，此一过程叫做蒸发。上升的热气将水蒸气带到大气里。在这里大气扩散转凉，而暖气就滞留一些眼力所看不见的水蒸气而形成云，这一过程叫做凝结。

在云朵里面，小水滴积聚湿气而变为愈来愈大的大水滴，最后，因为水滴太大，气流承受不住，于是落到地面上，这就是雨。

那么，雨的形成过程为什么只发生在某些日子，而其他日子则不发生？此过程第一步是蒸发，实际上整天都不时地进行着。水蒸气上升到大气之中，可是这种肉眼看不见的水蒸气，并不是每天都形成可见的云朵。这是因为水蒸气必须要有一个平面来凝结，空中如果很少或没有尘埃分子，则不可能产生凝结。此外，高空中的小小冰雪结晶也有助于小水滴的形成。

地理知识全知道

DILI ZHISHI QUANZHIDAO

下雨通常需要暖气团碰到冷气团，或是冷气团碰到暖气团。暖气团含有云和湿气，而暖气团受到冷气团寒冷的影响，形成水滴而下雨。因此气象预报总会提到气团的动向，让我们有所了解是否会下雨。

雨的成因多种多样，形态也各异。既有毛毛细雨，又有倾盆大雨，还有连绵不断的梅雨。另外，还有由于龙卷风或台风影响，地面某物体随风卷入高空又随雨落下形成的"谷雨"、"鱼雨"、"麦雨"、"酸雨"等。

 雨量的测量

测量雨量的仪器叫雨量计，这种仪器普遍地使用于世界各地。美国气象局的雨量计形状像一个中空的管子，下端密封，上端则有一个漏气口。

雨量计要装在露天的地方，并有刻度显示有多少雨落到里面。如果在指定的地区中的落雨量使雨量计深度达到10毫米，气象局就会报告有10毫米的雨量。

年雨量不到250毫米的地方叫沙漠，250～500毫米的年雨量就足够牧草生长。

在大部分地区雨量须超过500毫米，才能发展农业。

如果暖季中的雨量超过250毫米，植物就会生长得非常茂密，巴西、印度和非洲中部的丛林都有这种情形。印度的齐拉彭吉地方，每年雨量高达11500毫米，而埃及的年雨量则只有38毫米。在美国，华盛顿和奥勒冈州海岸的雨量最多，大约有2000～2500毫米，而亚利桑那州的部分地区年雨量还不到70毫米。你知道你所在的地区年平均雨量是多少吗？

雨量的分布

地球上任何地方下雨量的多少，是由很多因素决定的，例如大气湿度、海拔高度、山脉的地点等。

世界上最多雨的地方，是夏威夷考艾岛上的怀阿利山，平均年雨量是12000毫米。第二处多雨的地方很可能是印度的齐拉彭吉，平均年雨量

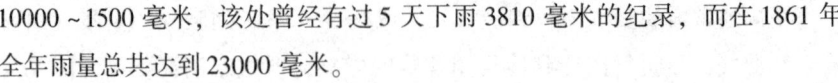

10000～1500毫米，该处曾经有过5天下雨3810毫米的纪录，而在1861年全年雨量总共达到23000毫米。

世界上最干燥的地方大概是智利的亚力加，它平均一年下雨0.5毫米！美国最干燥的地区是死谷的格林兰牧场，那里的平均年雨量低于38毫米。

地球上有些大地区整年都有大雨。例如，赤道上的每一处年雨量都达2000毫米以上。赤道是两大气流会合处，北方下移的空气与南方上移的空气，在赤道线上相遇。载有水蒸气的热空气通常上升，升到较冷的高度时，大量的水蒸气凝结在一起而下雨。

山脉向风的那一面，可能有很多雨；背风坡得到的雨水就少得多了。加州提喀斯开山便是一例，西风载着水蒸气自太平洋吹进来，遇到海岸而沿着山脉西麓上升，升得愈高气压愈低，水蒸气因冷凝结而下雨或下雪。

暴风雨的形成

虽然人类已变成万物主宰，甚至还能征服自然，操纵自然，不过一旦来了一场无情的暴风雨，人类对于大自然的巨大威力仍然心怀畏惧。

什么是暴风雨？一言以蔽之，就是大自然气候发生了强烈的骚动，如海上的一场飓风、陆上的大雷雨与风暴等。

在美国和与美国同纬度的地方，一场暴风雨往往囊括好几百千米的地区，也就是说有一些极大的旋转气流围绕着一个低气压的中心点。

当干冷的气团从北极区域向南移动，遇到从热带向北移的湿热气团时，暴风雨就会产生。在某些地区，热气团的尖端伸向冷气团时，它的尖端就变成一个低气压中心，于是各方向的风便向此中心吹扫，在此中心的四周地区便发展成暴风雨。

当冷气团与热气团真正相遇时，二者相中和的现象很微弱。较轻的热空气往往沿着冷空气的斜面攀上去盖在冷空气之上，湿热的空气冷却而呈饱和状态时，就形成云层，然后导致下雨或降雪。

在北半球由于地球的自转使风向偏右，因此暴风雨往往是朝逆时针方向旋转。

地理知识全知道

DILI ZHISHI QUANZHIDAO

暴雨最多的地方

世界上的一些地方，雨常常倾盆而下，带来灾害。这种特大暴雨主要出现在热带和温带地区。

雷雨是一种分布范围很广的天气现象。当积雨云强烈发展时，往往伴随着雷暴的到来——天空乌云翻滚，电闪雷鸣，有时还出现狂风骤雨。

雷暴分为热雷暴、地形性雷暴、锋面雷暴3种。热带和温带的夏季，太阳直射，低层大气受热膨胀上升，形成强烈的对流空气，产生热雷暴。山地地势复杂，容易产生空气对流，形成积云、积雨云，出现雷暴天气。北半球冬春季节，冷空气南下，同暖空气交锋，暖空气被强烈抬升，形成雷暴天气。

地球上的雷雨，平均每年发生1600多万次，每天约有5万次之多。雷雨活动最剧烈的地方是赤道带和热带。

爪哇岛是世界雷雨最多的地区，一年中有雷雨的日子占60%。不过岛上各个地方雷雨日的多少也有不同，如雅加达，全年平均为133日；而在茂物，平均每年有322个闪电日，同时下着阵雨，一年中有雷雨的日子占88%，人们誉它为世界的"雷都"。

茂物位于南纬4°附近，附近有多座高耸的火山。从爪哇海吹来的湿热气团，来到这里受到山脉阻挡，急剧上升，很容易形成对流雨，全年的降水量多达4618毫米。茂物每天的天气变化很有规律：上午天气晴朗，近午天空积云增厚，午后瞬时雷电交加，暴雨倾盆。雨后，空气清新，全城又沐浴在骄阳下。

我国雷雨平均最多的地方在海南岛儋县，全年平均有130个雷声隆隆的日子，在冬天里也能听到惊雷。

我国暴雨之最是台湾的新寮，1967年10月中的一天，下了1672毫米的特大暴雨，平均每分钟约1.1毫米。

1682年，英国牛津测得20多分钟的降雨记录600毫米；1956年，美国马里兰州的尤尼恩维尔，1分钟降雨31.24毫米。这都是世界上罕见的特大

暴雨。

西印度群岛中瓜德罗普岛的巴尔斯特，1970 年 11 月 26 日测得 1 分钟降水量达 38.1 毫米。这是世界上 1 分钟降雨的最高纪录。

可是，世界上暴雨最大的地方，是印度洋中的留尼旺岛。特大暴雨倾盆而下，仿佛瀑布从天而降。人在雨中，只见周围是一片茫茫的水帘，几乎什么也看不见。山洪滚滚，江河溃决。大雨淋死小鸟，摧毁树木、房屋，淹没田野，冲走山石。1952 年 3 月 11～19 日，前后持续了 8 个昼夜，留尼旺岛塞浦路斯地区记录到了 4 个世界暴雨的最高纪录：1 昼夜 1870 毫米，2 昼夜 2450 毫米，4 昼夜 3504 毫米，8 昼夜 4130 毫米。

为什么留尼旺成了世界暴雨的中心呢？原来，留尼旺是典型的海洋性气候，处在印度洋，热带风暴多次侵袭，降雨丰沛。岛上的雪山，海拔 3069 米，风暴携带大量水分，遇到高山阻挡，使气流急剧上升，湿热的气流遇冷，就在迎风坡变成特大暴雨。

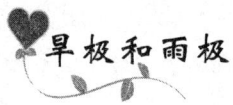

旱极和雨极

世界上有些地方，终年无雨，而有些地方却天天下雨。一个是"旱极"，一个却是"雨极"。

我国塔里木盆地塔克拉玛干沙漠东南部的若羌，年降水量只有 5 毫米。这个地方四周高山环绕，离海洋很远，湿空气很难到达，是我国雨量最少的地方。

非洲撒哈拉大沙漠中部，一连几年都不下雨，阳光灼照，空气干燥，被称为沙漠中的"沙漠"。有时，天空在下雨，可是落到半空就被蒸发掉了，成为"干雨"。

非洲的哈尔夫旱谷，曾一连八九年没下过雨。

南美洲秘鲁和智利沿海一带，因为有寒流和从深海涌上来的冷水流的影响，又位于高山的背风带，在副热带高气压带控制下，所以年平均降水量还不到 3 毫米，连年不见雨也是常事。

智利阿塔卡马沙漠附近的一个城市伊基克，濒临太平洋，也是 10 多年没下过雨。从安第斯山流出的水流，水量也很有限，一离开山，就消失在沙漠中，人们只能从高山上背冰运雪来供应生活用水。阿塔卡马沙漠是世界上最干旱的地方，被称为世界的"旱极"。到 1971 年为止，它已经有 400 多年没下过雨。

　　世界上还有"不雨城"和几乎不下雨的城市。秘鲁的利马，一年降雨 37 毫米，下的都是一种蒙蒙的细雨，叫"加鲁亚"。这种雨只能使大地稍稍湿润。1949 年 4 月，利马下了一次真正的雨，足足有 1 小时，人们惊慌地度过了这一次"灾难"——因为所有房屋的屋顶只是用来遮蔽太阳光的，不能防雨。

　　世界降水量的分布是不均匀的，有的地方雨特别多，甚至天天下雨。我国雅鲁藏布江河谷的巴劳卡，年平均降雨量 4500 毫米。台湾北部的火烧寮，是我国雨量最多的地方，年平均降水量 6500 毫米。1912 年曾出现 8408 毫米的记录，被称为我国的"雨极"。

　　为什么火烧寮雨量特别多呢？这里夏季受东南、西南季风和台风的影响，冬季受东北季风和信风的吹拂，加上山地影响，气流抬升，容易凝云播雨。

　　世界绝对雨量最多的地方是印度东北部梅加拉亚邦的乞拉朋齐，年平均降水量 11430 毫米。1960 年 8 月到 1961 年 7 月，出现 26461.2 毫米的最高纪录，成为世界的"雨极"。倾盆大雨，势如小瀑布，雨滴有如棒球，所以当地人总爱穿一种簸箕形状的、用竹或草编成的雨具，才不致被雨滴击伤。

　　夏威夷群岛中考爱岛的威阿列勒山东北坡，被称为世界的"雨极"。1920～1972 年平均年雨量 11458 毫米，每年下雨的日子约有 325 天。

　　为什么这两个地方多雨呢？原来，它们都有高山屏障，从海洋吹来的季风或东风被高山阻挡，使饱含水汽的气流被迫上升，凝结大量的地形雨。

　　有些地方年降水量不大，却常常下雨。智利南部的巴希亚·菲利克斯，平均每年有 325 天在下雨。1961 年这一年，只有 17 天没下过雨。它处在西风带内，长年从太平洋带来的大量水汽，受到地形的抬升，形成阴雨天气。

巴西的巴拉城，每天都要下几次雨，而且每天下雨都有固定时间。巴拉城靠近赤道，滨海，阳光灼照。早晨，气温较低，空气中水汽含量较少，天气晴朗。此后，海面温度渐渐升高，湿热空气不断上升，在空中凝云播雨。雨过天晴，低层空气温度降低，阳光继续的照，就这样循环变化着，很有规律。因此，当地人谈论时间不用钟表，而是用雨。他们不说几点钟，而是说第几次雨后。

燕子低飞和雨的关系

在春末到秋初的温暖季节里，有时在午后或傍晚，常看到三五成群的燕子越飞越低，或者贴着地面急速地滑行，或者拍打着翅膀，原地徘徊不动。当出现这种现象后，有经验的人就说："天快要下雨了。"

难道燕子能辨别晴雨吗？不，燕子不能辨晴雨。那么，为什么说燕子低飞，就表示着天快要下雨了呢？

原来，各种小昆虫是燕子的最好食物。每当天气快要下雨以前，由于空气里的水汽含量急剧增多，把大多数昆虫的翅膀沾湿，不能自由展开和迁飞，只能沿着地面爬动；一些伏居在土壤里的昆虫由于气压降低，湿度增大，伏居在土壤中很不舒服，也都纷纷爬出土外，透透空气，此乃燕子搜捕食物的大好良机，所以燕子常低飞去捕获。另外，在天快要下雨前，气流较混乱，燕子得不到合适的风力抬升它高飞，故在飞行中常忽高忽低，乍沉又起，掠水剪波，翻飞不定。所以说，燕子低飞常表示着天将要下雨。

除了燕子低飞能预示天将要下雨外，蜻蜓等低飞也都能预示天将要下雨。

蝉鸣和天晴

蝉，俗称"知了"，性喜干热，多栖息在树干和枝头。每当夏日天气晴热时，特别是在午后和傍晚时分，常鼓动叶翼，发出"知了，知了……"

的叫声，给整个绿色的大自然增添了一种别具风格的曲调。但是，当天气将转阴雨时，由于空气中的水汽含量骤增，蝉的叶翼被沾湿，不易鼓动，当然也就发不出叫声了。所以当天气闷热时，如果蝉声突然停止，则表示风雨很快将来临。而当雨后转晴时，由于空气湿度逐渐变小，被沾湿的叶翼，逐渐变干复原，又可开始鼓动发出"知了"的叫声了，所以在民间有"雨中闻蝉鸣，预告天将晴"的说法。

蝉鸣不但可以预告晴天或下雨，而且可以预测初夏期间的梅雨是否将结束。在梅雨后期，如闻蝉鸣，则预示梅雨将结束，天气要转晴朗，并开始进入酷热的盛夏了。

我们在运用这条民间谚语时，要注意区分蝉声开始和停止的特征。不要把入夜以后的蝉声停止，误认为是将要下雨。

雷电现象

在自然界，在地球上和空气里，到处都有电。电只有 2 种：一种是阴电，一种是阳电。

夏天，空气中的水汽较多，靠近地面的一层空气，因受热膨胀，气流急剧上升，在空中形成积雨云（俗称雷雨云）。在积雨云中的雨滴，由于空气的运动，互相发生碰撞和摩擦，不断地进行分裂。雨滴的外层被碰撞分裂成带有阴电的小水滴，因其重量很小，被上升气流带到高空凝结成较高的云；剩下的雨滴核心部分带有阳电，因重量较大而沉浮在低层，变成较低的云。这样就形成带有阴电（负电荷）和阳电（正电荷）的两层云。当这两种云一靠近，阴电和阳电互相吸引，产生"放电现

闪 电

象"，就叫闪电，也就是我们通常所说的打闪。在每次放电过程中，由于产生很大的热量，使得局部空气的体积突然膨胀，引起空气的极大震动，形成爆发现象而发生巨响，就是打雷。

闪电有时人看不见，这时闪电是在云的上边，下边的云又很厚，所以只能听见轰隆隆的打雷声。反过来说，如果发生雷声的地方离我们太远，往往只能看到闪电，而听不到雷声。事实上，闪电和雷声是同时发生的，只因为光的传播速度要比声音的传播速度快100万倍，所以我们总是先看见闪电，后听见雷声。

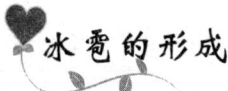

冰雹的形成

从春末到夏季，正是冰雹出现的季节。冰雹出现的范围一般都较小，"雹打一条线"，而且下雹时间也很短。

冰雹大多发生在夏天。夏天，阳光强烈，大量水汽急剧向上升，到高空遇冷凝结成小冰晶，小冰晶落下时，一路上碰上小水滴，掺合在一起变成雪珠。新的热气流不断上升，把雪珠带回高空。就这样，雪珠在云层内上下翻滚，裹上了层层冰外衣。最后越变越大，就从空中落下，成为冰雹。冰雹小如黄豆，大如鸡蛋，最大的一般不超过砖块那么大。冰雹多数呈球状，有时呈块状、圆锥状，形状一般没有规则。

尽管科学家们认为低气温是形成冰雹的原因，但欧洲的夏天却常常有冰雹出现。一些气象学家认为，当热气流上升至1000～2000米高度，遇到正在下降的冷空气就会形成冰雹。热气流的急剧降温冻结了其间的潮湿空气，这些潮湿空气变成了一个个小小的冰球。这个过程可能会重复多次，直到冰雹一层层加厚，最后落到地面上。

另一些科学家则认为冰雹是一种电反应过程。

无论冰雹形成的原因是什么，几个世纪以来农民们一直在寻求免受雹灾的办法。

通常下雹的范围并不大。但由于它密度大，强度高，因此一旦遭遇雹灾，农民们一年的收成就毁了。

地理知识全知道
DILI ZHISHI QUANZHIDAO

我国面积辽阔，局部地区常常发生冰雹灾害。冰雹分布的特点是：西部多，东部少；山区多，平原少。我国东南部地区，是冰雹很少见的地方，常常几年、几十年也遇不到一次。而青藏高原则经常出现冰雹，局部地区每年在 20 次以上，个别年份达 50 次以上。唐古拉山的黑河一带，平均每年下冰雹 34 次之多，是我国冰雹最多的地方。

世界上冰雹最多的地方是肯尼亚的克里省和南蒂地区，一年中有 130 天下冰雹。

❤ 冰雹大小不一的原因

在一些雷雨频繁的地方，800 次雷雨中才会下一次胡桃大的冰雹，5000次雷雨中才会出现棒球大小的冰雹，还有许多冰雹的大小介于两者之间。

冰雹通常发生在温暖的季节，而且和雷雨闪电一起出现。雨滴落向地面时，如果中途通过一层冷空气使之结冰，落下来的就是雹。

雨滴开始形成的冰雹体积很小，小冰雹下降的时候，如果碰到一股强烈的上升气流，就会把小冰雹送回原来雨水结冰的高度。新雨滴会附在冰雹表面使之加厚，然后向下落。再通过冷空气时水会结冰，把原来的冰雹包起来，使冰雹的体积增大。冰雹的升降可能重复许多次，于是体积层层增大，等重量足够挣脱上升气流的影响时，冰雹就坠落地面。因此有时候冰雹的直径可达 10 厘米，重量则有 0.5 千克左右。雪花也会裹住冰雹，所以冰雹通常是由冰雪包裹而成。结冻的雨我们称为冰雹，实际上是"雨雹"。有时冬天会落一种软冰雹，这是由雪结成的，我们称之为"雪雹"。

冰雹每年都造成严重的损害，它会把玉米、小麦、棉花、烟草等农作物打坏，把树上的叶子打掉，还会打破玻璃，甚至使家禽畜和人受伤。

❤ 巨雹的成因

一场冰雹以后，人们有时会发现一些特大的冰雹，有的像面盆那样大，重几十千克；有的竟有汽车那么大。如 1957 年，我国内蒙古伊克昭盟金霍

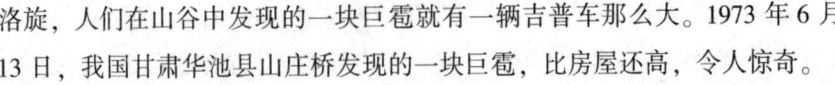

洛旋，人们在山谷中发现的一块巨雹就有一辆吉普车那么大。1973 年 6 月 13 日，我国甘肃华池县山庄桥发现的一块巨雹，比房屋还高，令人惊奇。

这些巨雹是从天上降落下来的吗？因为一个重达 10 千克的巨雹，依靠上升空气是托不住的，所以巨雹似乎不可能来自天空。那它又来自何方呢？

科学家对巨雹之谜作了推测。在降雹过程中，冰雹云后部受到干冷空气的侵袭，使雨滴降落地面后，仍保持过冷却性。雨滴随风飘下，在某一冷的物体侧面上聚集，边冻结，边增厚，形成棱形的"巨凇"——巨雹的自然现象。因此，它的原料来自于天上，成品却是在地面上加工形成的。

巨雹究竟是怎么回事？气象学家还在进一步探索中。

彩虹的成因

我们知道，当太阳光通过三棱镜的时候，前进的方向就会发生偏折，而且把原来的白色光线分解成红、橙、黄、绿、蓝、靛、紫七种颜色的光带。

在下雨时，或者在雨后，空气中充满着无数个小小的棱镜——水滴。当阳光经过水滴时，不仅改变了前进的方向，同时被分解成红、橙、黄、绿、蓝、靛、紫七色光，如果角度适宜，就成了我们所见到的彩虹。

空气里水滴的大小，决定了彩虹的色彩鲜艳程度和宽窄。空气中的水滴大，彩虹就鲜艳，也比较窄；反之，水滴小（像雾滴那样大时），彩虹的颜色就比较淡，也比较宽。

当然，天空中不一定只出现 1 条彩虹，有时会同时出现 2 条、3 条以至 5 条彩虹，不过这种情况一般比较少见。

那么，夏天雨后天空中为什么会出现彩虹呢？这是因为夏天常常下雷雨或阵雨，这些雨的范围不大，往往是这边天空在下雨，那边天空仍闪耀着强烈的阳光。有时候，雨过以后天空还飘浮着许多小水滴，当太阳光通过这些小水滴时，经过反射和折射作用，天空中的彩虹就出现了。

彩虹是大气中的一种光像，它的出现与当时天气变化相联系的，一般我们从彩虹出现在天空中的位置，可以推测当地将出现晴天或雨天。

雪的形成

当云层遇到冷空气时，组成云层的水蒸气小颗粒就会立即变成非常细小的冰霜。

冬天，空中的云层一般都带有微小的冰霜小片，而不是水蒸气。这些冰霜粒子呈小桶状，比空气轻，所以它们悬浮在空中。

雪只不过是结冻的水而已。大气中的水汽结冰，便形成了雪，这些小冰晶体洁净而透明，随着气流的动向在空中飘舞。当这些小冰晶体在大气中飞舞的时候，会以一个核心集结，可能有100多个冰晶体集结在一起，然后向地面降落，我们把这些集结的冰晶体称为雪花。有些晶体是平的，有些是针形的，不论是什么形状，雪花永远是六角形。任何一片雪花中的六个角都是相同的，但是没有两片雪花是完全相同的。

为什么雪看起来不像冰呢？因为每一朵雪花中都有许多冰晶体，冰晶体的每一面都反光，因此看起来雪是白色。雪并不永远是白的。在世界上有许多地区会落红雪、绿雪、蓝雪，甚至还有人看到黑雪。雪的颜色不同的理由是有时候空气中含有霉菌，或飘浮着灰尘，雪在降落的过程中吸附这些霉菌或尘类，而使雪有了色彩。

因为雪里面包含着大量空气，不传热，所以盖在地面上的厚雪像"雪毡"一样能够保护在地上蛰眠的植物。爱斯基摩人也用雪块建造"雪屋"，住在雪屋里会觉得很暖和。

寒潮的形成

每年冬天，在亚洲、欧洲和北美洲北部，常有寒潮降临。它是一股股寒冷的气流，由北方涌向南方。寒潮袭来，亚洲、欧洲、北美洲的广大地区马上北风呼啸，气温骤降。

据气象台规定，凡是48小时内降温10℃以上，一些地区最低气温在4℃以下，并吹刮5～7级大风的，称为寒潮。

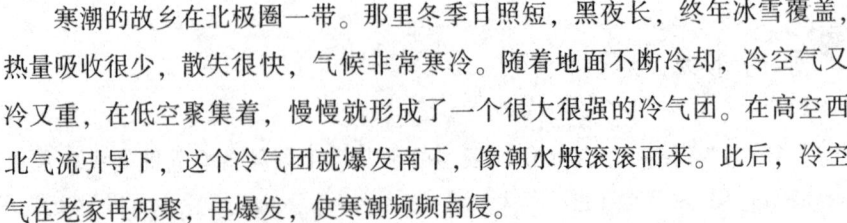

寒潮的故乡在北极圈一带。那里冬季日照短，黑夜长，终年冰雪覆盖，热量吸收很少，散失很快，气候非常寒冷。随着地面不断冷却，冷空气又冷又重，在低空聚集着，慢慢就形成了一个很大很强的冷气团。在高空西北气流引导下，这个冷气团就爆发南下，像潮水般滚滚而来。此后，冷空气在老家再积聚，再爆发，使寒潮频频南侵。

我国幅员辽阔，各地气候情况差别很大。由于寒潮前进的速度很快，7级以上的大风，一昼夜能走1000千米。如果它第一天在蒙古高原的话，第二天就可到达黄河流域，第三天已跨过长江，几天工夫，可以扫遍我国大部地区，冲向南海，使各地在不同程度上迅速降温。

进入我国的寒潮，一般有3条路径：①常见的是中路寒潮主力，从蒙古高原经河套平原南下，越过长江，直达华南地区。②东路寒潮主力，从蒙古高原东部，经过东北平原、华北平原，到达长江中下游地区。③寒潮也会从我国天山和阿尔泰山间的风口进入新疆，穿过河西走廊，沿着青藏高原东坡南下，一直影响到我国西南和华南地区。

对我国气候影响比较大的寒潮，每年平均约有4~5次，1951~1972年间共出现84次，其中有3次特强寒潮，许多地区降温强度达20~25℃。强寒潮对农业、畜牧业和渔业生产都很不利。

1916年1月下旬，我国出现的一次寒潮是历史上少见的。1月21日这天，南风送暖，上海的最高气温有19~9℃，仿佛暮春季节；傍晚以后，冷空气频频袭来，22日最高气温骤降到10~1℃；23日，最高气温又降到-2~1℃，滴水成冰；到24日清晨，气温再降到-10~6℃。这次大寒潮使上海地区降温强度达到30℃以上。

寒潮是暴风雪和严寒的制造者，会严重威胁人类的生命和财产安全。1954年4月，安徽由于受寒潮影响，冬小麦受冻面积达80%以上，其中有一半被冻死。1974年2月的一次寒潮，阵风很强，冷风到达鄱阳湖，把附近几个县的房屋吹倒，人畜伤亡严重。大风掠过黄土高原、沙漠及积雪覆盖的草原，造成"沙暴"、"雪暴"，风雪弥漫，咫尺皆迷，对农牧业造成很大危害。一次寒潮使四川、云南、贵州等地的气温下降到0℃以下，某些地区还下了大雪，云南的楚雄、曲靖等地积雪厚达70~100厘米，打破了当地

的降雪最高纪录。

1979年1月，强冷空气侵入我国，使江苏省邳县遭到了一次特大的雨淞袭击，为时达6天。大地万物被冰覆盖，整个县城俨然成了玻璃世界，公路无法通行，厂矿没法生产，乡镇村的所有输电线几乎全部被破坏，各种成林树受损达3000棵。雨淞是随着寒潮袭来时一种过冷水滴落到地面后，因迅速冷却而结成的冰。

寒潮也常常袭击欧洲和北美洲，带来暴风雪，使地面和河流上积满厚厚的冰雪，阻塞交通，海上货船甚至被困在冰雪之中，不得不靠直升飞机去营救。

寒潮的侵袭，使亚洲、北美洲的东部成为世界同纬度上冬季气温最低、持续时间最长的地区。它使我国长城以北地区一般不能种植冬小麦，苹果只能在渤海沿岸安家，南方亚热带水果柑橘、热带作物橡胶等也会遭到霜冻。冬冷还使我国亚热带、热带的界线大幅度地向南移，比欧洲地中海地区南移了纬度10°，约1100千米。

但是，任何事物都不是孤立存在的。有冬冷，就有夏热，两者相互依存，这是大陆性气候的主要特点。冬冷也不全是坏事，积雪可保护庄稼，春暖融雪可减轻春旱。严寒使针叶林里广布毛皮动物，河里的鱼儿长肥。而且，我国夏季各地普遍高温，这对农业生产有利。我国的水稻、棉花种植界北移到了黑龙江畔、天山以北，比同纬度的大陆西部喜热作物分布地区广阔得多；而同纬度的西欧平原，只能种麦类和马铃薯等作物。

气温的预报

人们每天都要收听天气预报，特别是对每天预报的最高气温倍加关注。尤其是在炎夏酷暑之时，常听到人们对气温预报的种种抱怨，他们责怪气象台（站）预报的气温偏低，影响了防暑降温工作的安排和作息制度的临时调整。其实，他们不知道感觉气温、室内气温、室外气温与标准气温之间的区别，所以难免造成种种"误会"。

什么是标准气温呢？气象台（站）实测和预报的气温都有一个科学的

统一规定，即以离地面 1.5 米高处的空气温度为标准，而且气温表还必须放置在露天观测场的百叶箱内才行。这样测出的气温才是标准气温。因为这一高度的气温基本摆脱了地面温度变化剧烈的影响，又是人类活动的一般范围。百叶箱的作用是防止太阳对地面的反辐射，保护仪器免受强风、雨、雪等影响，并使仪器感应部分适当通风，能真实地感应外界空气温度的变化。

而在居室、办公室、车间等处则大不一样，房屋的结构不大相同，通风和日射情况也大有差异，再则，厨房的火炉、车间的机器和人群还会散发出大量的热能。据研究，一个人散发出的热量相当于一只 100 瓦的灯泡，十来个人就等于一只电炉。由此可见，即便有温度表放置于室内，它也只能测出特定环境中的"小气候"，并非标准气温。因此，我们就不能错怪气象台（站）预报的气温偏低了。

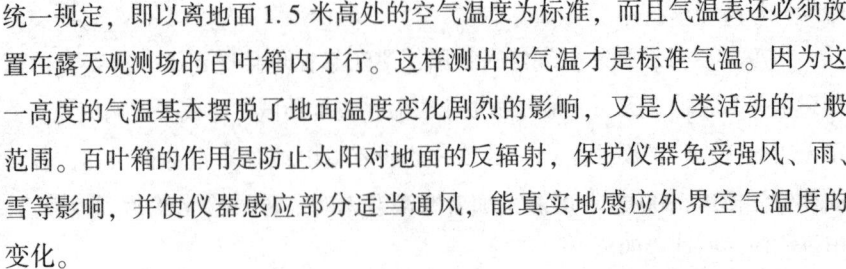

冷在三九、热在三伏

"冷在三九"、"热在三伏"是我国的两句谚语，在民间流传很广。

"九九"由冬至起算，每"九"为 9 天，从"一九"到"九九"共 81 天。"三九"的含义，一般是指"九九"中的第三个"九"。

"三伏"是初伏（头伏）、中伏（二伏）、末伏（三伏）的总称。"三伏"是指夏至后第三个庚日至立秋后第二个庚日这段时间；如按节气，"三伏"一般都出现在小暑至立秋后，即 7 月中旬到 8 月中旬这一个月里。

我们知道，在北半球，冬至这一天白昼最短，黑夜最长，就是说，这时候太阳照射的时间最短，地面吸收的热量最少，而夜晚释放出去的热量却最多。乍看起来，冬至应是最冷的时候，其实不然。因为冬至这一天虽然白昼短，地面吸收的热量比散发的热量少，但由于地面在过去长期积累起来的热量还在继续散失，近地面的空气温度还不是降到最低的时候，冬至以后，白天虽然渐渐长了，黑夜渐渐短了，可是以一天来说，仍然是昼短夜长，地面每天吸收的热量还是比散失的热量少，使近地面的空气继续在一天天冷下去，到"三九"前后，地面积蓄的热量最少，天气也就最冷了。往后，地面吸收的热量又逐渐增多，近地面的空气温度也随着逐渐回升。因此，一年中最冷的时候，一般出现在冬至后的"三九"前后。

在北半球，夏至是白昼最长、黑夜最短的一天，但是一年中最热的日子却不在夏至，而是在夏至后的"三伏"天。这是因为夏至以后，虽然白天渐短，黑夜渐长，但是一天当中，白天还是比黑夜长，每天地面吸收的热量仍比散发的热量多，近地面的空气温度也就一天比一天高。到了"三伏"天，地面储存的热量达到一年中的最大值，故气温最高，天气最热。再往后，地面吸收的热量逐渐减少，温度也就慢慢下降了。所以一年中最热的时候一般出现在夏至后的"三伏"天。

♥ 我国"三大火炉"

三伏期间，我国长江流域平均气温最高，其中南京、武汉、重庆这三大城市被称为"三大火炉"，它们的极端最高气温都在40℃以上，而且高温持续时间长，高于37℃的日子约占伏期的1/2。主要原因是在三伏期长江流域高空被副热带高压所控制，使气温增高，同时万里晴空，似火的骄阳烘热了近地面的空气，促使气温急剧上升。

此外，从地理位置看，三座城市都处在长江沿岸的谷地中，由于地势低，地面的热量不易散发，大量积聚在近地面的低空中，更增加了炎热的程度，而这三座城市的近郊，水田密布，沃野成片，湖荡河渠，纵横交错，在骄阳的强烈照射下，水分蒸发，增加了大气温度，使空气显得格外沉闷。近几年来还增加了人为的环境污染，工厂排烟、机动车排气等，造成空气混浊，不但升高了气温，还带来形成"酸雨"的危害。

♥ 世界上最热的地方

从全球来看，气候的基本状况是：离赤道越近，接受太阳光热越多，气候越热；离两极越近，接受的太阳光热越少，气候越冷。气候还受到地形和海洋等影响。一般来说，地势越高，气温越低；地势越低，气温越高；

离海近，降水多；离海远，降水少。

我国吐鲁番盆地，四周是高山，中间有座低山火焰山。夏天，这里阳光灼照，红色砂岩闪烁着红光，被称为"火洲"，每年有3个月时间气温在40℃以上。1965年7月，出现了气温48.9℃最高纪录，成为我国最热的地方。

1922年9月13日，在非洲利比亚的黎波里以南的加里廷，盛吹吉卜利风（来自南部撒哈拉沙漠的干热风）时，以57.8℃刷新了世界热极的纪录。当地人竟能在阳光下的墙上烙饼吃。太阳把人的汗水很快烤干了。

到了1933年8月，墨西哥的圣路易斯也测到了57.8℃的最高温度。这样，圣路易斯就同加里廷分享世界"热极"的称号。

如果以年平均温度来说，埃塞俄比亚的达洛尔地方，1960~1966年间的年平均气温是34.4℃，也是世界的"热极"。

埃塞俄比亚的马萨瓦和索马里的柏培拉也说得上是"世界火炉"。这两个城市的年平均气温在30℃以上。马萨瓦7月平均气温达44℃，柏培拉7月平均气温达47.2℃。

世界"热极"加里廷和圣路易斯都位于副热带地区，在副热带高压带控制下，空气下沉，少云而干旱。这一带还受到从干旱地区吹来的东北信风影响，空气更加干燥，大地一片荒芜。在阳光灼照下，毗邻的沙漠地带吸热快，温度剧升。有些地方地势较低，热空气不易散发，于是出现了"热极"。

♥ 世界上最冷的地方

世界上最冷的地方一般来说，应当在极地或高山地区。

1969年2月13日，我国在黑龙江省漠河测得-52.3℃最低气温。后来，有一年冬天早晨又出现了-58.7℃最低气温，至今尚未打破。而通过无线电探空观测，珠穆朗玛峰曾出现过-60℃的低温。

世界"冷极"最早在北极地区测到的-59.9℃低温纪录。以后在西伯利亚的维尔霍扬斯克、奥依米亚康，出现了-73℃的低温纪录。以后"冷极"从北极迁移到了南极洲。经过几次刷新纪录，于 1960 年 8 月，东方站记录到 -88.3℃ 的最低温纪录。1967 年，挪威科学家在南极点附近测到了 -94.5℃ 的新纪录。

在这种气温下，汽油会凝固，煤油不再燃烧，橡胶变硬发脆，连人们呼吸的热气，也会在空中凝固。

如果以平均气温来说，北半球的冷极在格陵兰岛的埃斯密脱，年平均温度为 -32.5℃；而南半球的冷极在南极洲，位于南纬 78°东经 96° 的地方，年平均气温是 -58℃。

南极洲大部位于南极圈内，大多是海拔 3000 米左右的高原，离海洋远，冬季长夜漫漫，气温急剧降低，夏天虽有数十天极昼，但太阳斜射，光热微弱，冰雪难以消融，一直保持着很低的气温。

四季的简介

所谓四季，是中纬度地区春、夏、秋、冬的总称。而春、夏、秋、冬的差异主要反映了地面上接受太阳能量的多少，接受太阳能量的多少又主要取决于太阳光照射的角度。同样一束光线斜射到地面上比直射到地面上照到的面积大，因此单位面积获得的热量就少。太阳高度角越大，就越接近直射，地面上单位面积获得的热量就越多。所以，四季的划分主要受正午太阳高度变化的影响。

夏至日，太阳直射在北回归线，这一天北半球单位面积获得太阳热量最多，而南半球单位面积获得的太阳热量最少。冬至日，太阳直射在南回归线，这一天南半球单位面积获得的太阳热量最多，而北半球则相反。春分日和秋分日，太阳直射赤道，各地获得的太阳光热大致相等。因此，在西方是以春分、夏至、秋分、冬至来划分四季的；而我国在传统上则是以立春、立夏、立秋、立冬来划分四季的。这两种划分方法，都属于天文上的四季划分方法。

然而，我国地域辽阔，各地区自然条件和气候变化差异较大，如果按古人划分四季的方法，把"立春"或"春分"定为春季开始，把"立夏"

或"夏至"定为夏季开始……那么，当黄河中下游和长江流域一带日渐风和日丽、柳绿桃红之际，而在松花江畔和大、小兴安岭，却还是千里冰封、万里雪飘。可见，天文上的四季只是在一定程度上反映了一年中气候的差异：大体上夏季炎热，冬季寒冷，春秋季适中。但真正在气候上我国通常以候温（每5天为一候，每候日平均气温的平均值为候温）作为划分四季的标准，这个划分方法就叫"候温四季划分法"。当候温大于22℃为夏季；小于10℃为冬季；介于两者之间分别为春季和秋季。按照这个标准，只要将当地历年积累的气象资料进行统计比较，就不难计算出符合当地实际情况的四季起止日期了。

❤ 世界气候的分布

按获得太阳辐射多寡，把地球表面分为5个基本气候带：热带、南温带和北温带、南寒带和北寒带。由于温带所跨纬度宽广，高、低纬之间气温差别大，习惯上在温带内又划分出亚热带和亚寒带。前者是温带向热带的过渡地带，后者是向寒带的过渡地带。

上述气候带基本上按纬度划分、沿纬向伸展。在每个气候带内，由于所处气压带和风带位置不同，受海陆分布、地形、洋流等因素影响，造成同一气候带内气候的差异，因而又进一步划分出各种气候类型。

在大陆低纬和高纬地带，气候带沿纬度分布规律明显。

低纬地带接收太阳辐射多，全年高温，长夏无冬，由赤道向南北两侧的气候类型分布依次为：赤道多雨气候、热带干湿季气候、热带干旱与半干旱气候；高纬地带接收太阳辐射少，全年低温，长冬无夏，在北半球依次为极地冰原气候、极地长寒气候、亚寒带大陆性气候。各种气候类型均南北更替，呈带状分布。

中纬度地区气候类型的分布较为复杂。在大陆西岸，北纬40°以北的地区，终年处于西风带，深受海洋气团影响，沿岸有暖流经过，冬无严寒，夏无酷暑，全年降水分配均匀，是典型的温带海洋性气候。在北纬40°~30°地区，由于副热带高压带季节位移，冬季处于西风带，盛行极地海洋气团，温和湿润，具有海洋性气候特征；夏季处于信风带，盛行热带大陆气团，炎热干燥，具有大陆性气候特征。

在中纬度大陆东岸，冬夏风向和洋流分布与同纬度西岸明显不同，因而形成不同气候类型。北纬40°以北地区，冬季盛行极地大陆气团，沿岸有寒流经过，寒冷干燥具有大陆性特征；夏季，大陆上温度高、气压低，可摄引海洋上东南风登陆，降水多。与同纬度大陆西岸的温带海洋性气候有明显差异，属温带大陆性湿润气候。

北纬40°~30°地区，风向气温和降水季节变化与40°以北地区类似，因地处亚热带，气温升高，降水增加，表现为冬凉而干，夏热而湿，属亚热带湿润气候。在中纬远离海洋的广大内陆地区，终年为极地大陆气区和热带大陆气团控制，具有典型大陆性气候。按所处纬度高低，分属温带大陆性干旱、半干旱气候和亚热带大陆性干旱、半干旱气候。

由于亚欧大陆东部地处世界上最大陆地和最大海洋——太平洋之间。海陆热力差异特别大，在季节性高压和低压控制下，冬夏风向、风力、气温和降水季节变化显著，形成特殊的季风气候。中纬度大陆东岸从北向南，分别为温带季风气候和亚热带季风气候，再向南则为热带季风气候。在南半球，大陆面积不广，因而气候类型构成不完整，分布也较局限。

气候的分布规律

世界气候的分布规律，直接表现在各气候类型的排列组合上。一般可分为纬度地带性、非纬度地带性和垂直地带性3个方面。

（1）纬度地带性。这是世界气候分布的基本规律。它是地带性因素造成的，即由太阳光热在地球表面的不均衡分布引起的热力差异和由此产生的全球性气压带、风带及其季节移动，而导致各气候类型普遍具有按纬度更替的趋向。地球表面被划分为5个基本气候带，它是按得到太阳光热的多少来分的，以回归线和极圈为界线，这就是通常所说的纬度带。另外，以最热月平均温度10℃等温线和最冷月平均气温18℃等温线作为划分寒、温、热三带的界线，这种气候带，称之为温度带。基本上也是按纬度划分，沿纬向伸展的。

气候的纬度地带性，在大陆的低纬和高纬地带表现得尤为明显，因为这两个纬度地带，冷与暖的矛盾处于比较稳定有常的状态。前者接收的太阳光热多，暖空气是矛盾的主要方面，全年高温，长夏无冬；后者接收的太阳光热少，冷空气是矛盾的主要方面，全年低温，长冬无夏。因而在这两个纬度地带，各气候类型都按纬度南北更替，多呈带状分布，有的甚至横跨大陆东西。例如，在低纬度地带，在各大陆的赤道两侧是赤多雨气候；在赤道多雨气候区的两侧，是热带干湿季气候；从热带干湿季气候区向外，大致在南、北回归线两侧的大陆内部直到大陆西岸，属热带干旱与半干旱气候。高纬度地带的极地冰原气候、极地长寒气候、亚寒带大陆性气候等，都是体现纬度地带性较显著的气候类型。从各大陆来说，非洲气候纬度地带性最为突出。因为它的轮廓较之其他大陆单一，地面起伏不大，而且主要位于低纬热带地区，其气候类型按纬度更替，排列近乎对称。亚欧大陆和北美大陆北部地处高纬，陆地宽广，气候纬度地带性也表现明显，各气候类型从北向南依次更替，特别是极地长寒气候和亚寒带大陆性气候均呈带状分布，横贯大陆东西。

（2）非纬度地带性。由于海陆分布、洋流、地形等非地带性因素的作用，不同程度地破坏了气候的纬度地带性，使同一纬度地带的气候，出现西岸、内陆和东岸的差异，由不同地形条件引起的地区差异，以及海洋性气候和大陆性气候的差异。尤其是在中纬度地区最为明显，因为中纬地区，冷暖空气经常处于斗争转化状态，气温、降水等季节变化和非周期变化都十分明显。北半球中纬地区陆地面积特别宽广，因此海洋性气候与大陆性气候对比显著，大陆性气候尤为明显，大陆东、西岸产生有规律的差异。

在中纬地带各大陆西岸，都以温带海洋性气候—地中海式气候—热带干旱气候的次序更替，并在高纬地带与亚寒带大陆性气候相接，在低纬地带与热带干湿季气候相连。在大陆东岸相应地区，亚欧大陆东部为温带季风气候、亚热带季风气候和热带季风气候。北美大陆由于面积较亚欧大陆小，冬夏海陆热力差异不如亚欧大陆强烈，海陆间季风环流不如亚欧大陆明显，因而北美大陆东岸的气候类型相应为温带大陆性湿润气候、亚热带湿润气候和热带海洋性气候。至于南半球，大陆面积不广，南美大陆向温带纬度紧缩，非洲和澳大利亚大陆又没有南伸到南纬40°以南的陆地，所以大陆东岸不出现季风型气候，气候类型构成不完整，分布也较局限。

在中纬远离海洋的广大内陆地区，终年为极地大陆气团和热带大陆气团所控制，具有典型的大陆性气候特征。按所处纬度高低，分属温带大陆性干旱、半干旱气候和亚热带大陆性干旱、半干旱气候。

（3）气候的垂直地带性。高耸庞大的山地，在气候上表现出独特的垂直地带性。其高度变化如同纬度变化，但山地垂直气候带与水平纬度带在成因上和具体特征上并不完全相同，山地垂直分带的多寡和顺序主要取决于山地的高度和所处的纬度。有足够高度的赤道地区的高山，具备有最完整、复杂的垂直分带图谱，而高纬苔原地带的高山，垂直分带的图谱最为简单。另外，处于同一纬度地带的山地，距海远近或坡向不同，其垂直分带的开端和顺序也有极大差异。

影响气候的主要因素

纬度位置、大气环流、海陆分布、洋流和地形是影响气候的主要因素。前二者是全球性的地带性因素，后三者是非地带性因素。

（1）纬度位置是影响气候的基本因素。因地球是个很大的球体，纬度不同的地方，太阳照射的角度就不一样，有的地方直射，有的地方斜射，有的地方整天或几个月受不到阳光的照射。因此，各地方的太阳高度角不同，接受太阳光热的多少就不一样，气温的高低也相差悬殊。一般是纬度越低，气温越高；纬度越高，气温越低。各地区所处的纬度位置不同，是造成世界各地气温不同的主要原因。

（2）大气环流是形成各种气候类型和天气变化的主要因素。大气圈内空气作不同规模的运行，统称为大气环流。它是大气中热量、水汽等输送和交换的重要方式。大气环流的表现形式有行星风系、季风环流、海陆风、山谷风等，人们平常讲的大气环流，主要是指行星风系。大气环流对气候的影响十分显著，赤道低气压带上升气流强烈，水汽易于凝结，降水丰富；

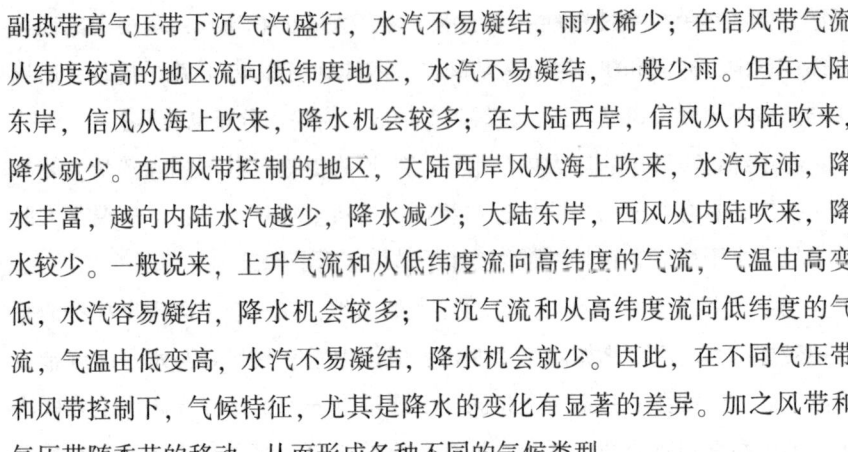

副热带高气压带下沉气汽盛行，水汽不易凝结，雨水稀少；在信风带气流从纬度较高的地区流向低纬度地区，水汽不易凝结，一般少雨。但在大陆东岸，信风从海上吹来，降水机会较多；在大陆西岸，信风从内陆吹来，降水就少。在西风带控制的地区，大陆西岸风从海上吹来，水汽充沛，降水丰富，越向内陆水汽越少，降水减少；大陆东岸，西风从内陆吹来，降水较少。一般说来，上升气流和从低纬度流向高纬度的气流，气温由高变低，水汽容易凝结，降水机会较多；下沉气流和从高纬度流向低纬度的气流，气温由低变高，水汽不易凝结，降水机会就少。因此，在不同气压带和风带控制下，气候特征，尤其是降水的变化有显著的差异。加之风带和气压带随季节的移动，从而形成各种不同的气候类型。

（3）海陆分布改变了气温和降水的地带性分布。由于海洋和陆地的物理性质不同，在强烈的阳光照射下，海洋增温慢，陆地增温快；阳光减弱以后，海洋降温慢而陆地降温快。海洋与陆地表面空气中所含水汽的多少也不同，一般说来，在海洋或近海的地区，气温的日变化和年变化较小，降水比较丰富，降水的季节分配也比较均匀，多形成海洋性气候。因此，在相同的纬度，处于同一气压带或风带控制之下的地区，由于所处的海陆位置不同，形成的气候特征也不同。

（4）洋流对其流经的大陆沿岸的气候也有一定的影响。从低纬度流向高纬度的洋流，因含有大量的热能，对流经的沿海地区，起有增温增湿的作用；从高纬度流向低纬度的洋流，水温低于周围海面，对所流经的沿海地区有降温减湿作用。因而在气温上，洋流可以调节高、低纬度间的温差，在盛行气流的作用下，使同纬度大陆东西岸气温显著不同，破坏了气温纬度地带性的分布。

（5）地形的起伏能破坏气候分布的地带性。地形是一个非地带性因素，不同的地形对气候有不同的影响。在同一纬度地带，地势越高，气温越低，降水在一定高度的范围内，是随高度的升高而增加。因此，在热带地区的高山，从山麓到山顶，先后出现从赤道到极地的气候变化。另外，高大的山脉可以阻挡气流的运行，山脉的迎风坡和背风坡的气温与降水有明显的差异。

五大基本气候带

关于气候带的划分原则和方法，是随着气候学的发展历史而不断演进的。最早古希腊学者亚里士多德曾以南、北回归线和南、北极圈为界，把地球上分为热带、南温带、北温带、南寒带和北寒带等 5 个气候带。它是完全按照天文因素，即太阳高度和昼夜长短，也就是根据地球表面各地获得太阳光热的多少来划分的。因此，这种分法通常称之为天文气候带。但它的名称是气候名称，可见天文五带是气候带的基础。另外，以回归线和极圈四条纬线划分的五带，都是一定的纬度地带，所以又可以说五带是纬度带。

（1）热带：在南、北回归线之间，这是地球上唯一阳光能够直射的地带，地面获得的太阳光热最多。热带地区气候终年炎热，四季和昼夜长短变化都不明显。

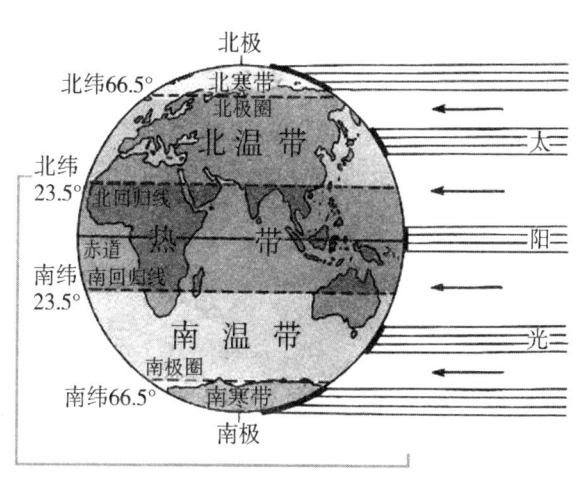

地球上的五带

（2）寒带：南、北极圈以内的地区。北极圈以北的地区是北寒带，南极圈以南的地区是南寒带。寒带地区，太阳斜射得很厉害，·午中有一段时间是漫长的黑夜，因此，获得的太阳光热最小，故称寒带。这里气候终年寒冷，没有明显的四季变化，有极昼、极夜现象。

（3）温带：是南、北回归线和南、北极圈之间的广大地区。北回归线和北极圈之间为北温带，南回归线和南极圈之间为南温带。温带地区，地面阳光斜射，寒暖适中，得到的光热比热带少，但比寒带多；冬冷夏热，四季分明；夏季昼长夜短，冬季昼短夜长，昼夜长短变化明显。

热带气候的类型

在南纬25°和北纬25°之间为热带气候区。全年气温较高，四季不明显。一年往往可分干、湿两季，风暴较多，我国南海诸岛属于此区。在赤道附近常年湿润高温，多雷雨天气。往往一天有三变的天气，人们把这称为"赤道气候"。热带地区由于高温多雨，动植物生长繁衍非常茂盛，到处是郁郁葱葱的热带丛林，全年无寒冬。

热带地区的主要气候类型有：

（1）热带雨林气候。位于各洲的赤道两侧，向南、北延伸5°~10°左右，如南美洲的亚马孙平原、非洲的刚果盆地和几内亚湾沿岸、亚洲东南部的一些群岛等。这些地区位于赤道低压带，气流以上升运动为主，水汽凝结致雨的机会多，全年多雨，无干季，年降水量在2000毫米以上，最少雨月降水量也超过60毫米，且多雷阵雨；各月平均气温为25~28℃，全年长夏，无季节变化，年较差一般小于3℃，而平均日较差可达6~12℃。在这种终年高温多雨的气候条件下，植物可以常年生长，树种繁多，植被茂密成层。

（2）热带草原气候。这种气候主要分布在赤道多雨气候区的两侧，即南、北纬5°~15°左右（有的伸达25°）的中美、南美和非洲。其主要特点，①由于赤道低压带和信风带的南北移动、交替影响，一年之中干、湿季分明。当受赤道低压带控制时，盛行赤道海洋气团，且有辐射上升气流，形成湿季，潮湿多雨，遍地生长着稠密的蒿草和灌木，并杂有稀疏的乔木，即稀树草原景观。当受信风影响时，盛行热带大陆气团，干燥少雨，形成干季，土壤干裂，草丛枯黄，树木落叶。与赤道多雨气候相比，一年至少有1~2个月的干季。②全年气温都较高，具有低纬度高温的特色，最冷月平均温度在16~18℃以上。最热月出现在干季之后、雨季之前，因此，本区气候一般可分干、热、雨3个季节。气温年较差稍大于赤道多雨气候区。

（3）热带沙漠气候。它分布于热带干湿季气候区以外，大致在南、北纬15°～30°之间，以非洲北部、西南亚和澳大利亚中西部分布最广。热带干旱气候区常年处在副热带高气压和信风的控制下，盛行热带大陆气团，气流下沉，所以炎热、干燥成了这种气候的主要特征；气温高，有世界"热极"之称。降水极少，年降雨量不足200毫米，且变率很大，甚至多年无雨，加以日照强烈，蒸发旺盛，更加剧了气候的干燥性。热带半干旱气候，分布于热带干旱气候区的外缘，其主要特征：①有一短暂的雨季，年降水量可增至500毫米；②向高纬一侧的气温不如向低纬一侧的高。

（4）热带季风气候。主要分布在我国台湾南部、雷州半岛、海南岛，以及中南半岛、印度半岛的大部分地区、菲律宾群岛；此外，在澳大利亚大陆北部沿海地带也有分布。这里全年气温皆高，年平均气温在20℃以上，最冷月一般在18℃以上。年降水量大，集中在夏季，这是由于夏季在赤道海洋气团控制下，多对流雨，再加上热带气旋过境带来大量降水，因此造成比热带干湿季气候更多的夏雨，在一些迎风海岸，因地形作用，夏季降水甚至超过赤道多雨气候区。年降水量一般在1500～2000毫米以上。本区热带季风发达，有明显的干湿季，即在北半球冬吹东北风，形成干季；夏吹来自印度洋的西南风（南半球为西北风），富含水汽，降水集中，形成湿季。

（5）热带海洋性气候。出现在南、北纬10°～25°信风带大陆东岸及热带海洋中的若干岛屿上，如中美洲的加勒比海沿岸、西印度群岛、南美洲巴西高原东侧沿海的狭长地带、非洲马达加斯加岛的东岸、太平洋中的夏威夷群岛和澳大利亚昆士兰沿海地带。这些地区常年受来自热带海洋的信风影响，终年盛行热带海洋气团，气候具有海洋性。气温年、日较差都小，但最冷月平均气温比赤道稍低；年较差比赤道多雨气候稍大，年降水量一般在2000毫米以上，季节分配比较均匀。

温带气候的类型

温带是冷暖气流相互角逐的地区，气温、降水的季节变化和非周期变

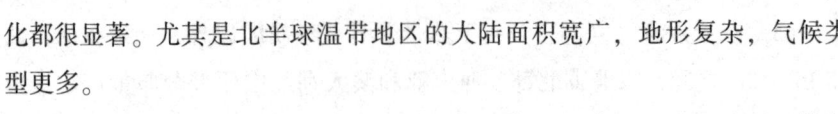

化都很显著。尤其是北半球温带地区的大陆面积宽广，地形复杂，气候类型更多。

（1）温带海洋性气候。位于大陆西岸，南、北纬40°～60°地区。终年处在西风带，深受海洋气团影响，沿岸又有暖流经过，冬无严寒，夏无酷暑，最冷月平均气温在0℃以上，最热月在22℃以下，气温年、日较差都小。全年都有降水，秋冬较多，年降水量在1000毫米以上，在山地迎风坡可达2000～3000毫米以上。这种气候在西欧最为典型，分布面积最大，在南、北美大陆西岸相应的纬度地带以及大洋洲的塔斯马尼亚岛、新西兰等地也有分布。

（2）亚热带干旱气候（地中海气候）。位于副热带纬度的大陆西岸，约在纬度30°～40°之间，包括地中海沿岸、美国加利福尼亚州沿海、南美智利中部沿海、南非的南端和澳大利亚的南端。它是处在热带半干旱气候与温带海洋性气候之间的过渡地带。这些地区受气压带季节位移影响显著，夏季受副热带高气压控制，气流下沉，因而除大陆西部沿海受寒流影响外，夏季十分炎热，下沉气流不利兴云致雨，所以气候干燥；冬季受西风影响，温和湿润。全年雨量适中，年降水量在300～1000毫米之间，主要集中在冬季。

（3）温带季风气候。出现在北纬35°～55°左右的亚欧大陆东岸，包括我国华北和东北、朝鲜的大部、日本的北部以及俄罗斯远东地区的一部分。冬季这里受来自高纬内陆偏北风的影响，盛行极地大陆气团，寒冷干燥；夏季受极地海洋气团或变性热带海洋气团影响，盛行东和东南风，暖热多雨，雨热同季。年降水量1000毫米左右，约有2/3集中于夏季。全年四季分明，天气多变，随着纬度的增高，冬、夏气温变幅相应增大，而降水逐渐减少。

（4）亚热带季风气候。出现在北纬25°～35°亚热带大陆东岸，它是热带海洋气团和极地大陆气团交替控制和互相角逐交绥的地带。主要分布在我国东部秦岭淮河以南、热带季风气候型以北的地带，以及日本南部和朝鲜半岛南部等地。这里冬季温暖，最冷月平均气温在0℃以上；夏季炎热，最热月平均气温大于22℃，气温的季节变化显著，四季分明。年降水量一

般在1000～1500毫米，夏季较多，但无明显干季。同温带季风气候相比，季节变化基本相似，只是冬温较高，年降水量增多。

（5）温带大陆性湿润气候。分布在北纬36°～55°之间的北美大陆东部（西经100°以东）和亚欧大陆温带海洋性气候区的东侧。这种气候在气温、降水的变化上同温带季风气候有些类似，但风向和风力的季节变化不像温带季风气候那样明显。冬季由于气旋活动影响，降水稍多；夏季有对流雨，但夏雨集中程度不像温带季风气候那样显著。天气的非周期性变化也很大。

（6）亚热带湿润气候。分布在北美大陆东部北纬25°～35°的大西洋沿岸和墨西哥湾沿岸地带，南美洲的阿根廷、乌拉圭和巴西南部，非洲的东南沿海和澳大利亚的东岸等地区。从纬度位置和海陆位置来看，它们和东亚的亚热带季风气候区是相似的，但出于所处的大陆面积较小，海陆热力差异不像东亚那样突出，因此没有形成季风气候。这里的气候特点近似亚热带季风气候，而不同之处在于冬夏温差较小，降水季节分配比较均匀。

（7）温带和亚热带大陆性干旱与半干旱气候。这种气候在北半球占有广大面积，主要分布在北纬35°～50°的亚洲和北美大陆的中心部分。这里深居内陆或沿海有高山屏峙受不到海风影响，终年为极地大陆气团和热带大陆气团交互控制下，冬寒夏热，气温年、日较差都大，降水量少，呈现大陆性气候特征。由于所处纬度的不同，两种气候型在气温上也有差异，亚热带大陆性干旱半干旱气候，气温显著高于温带大陆性干旱与半干旱气候，冬季月平均气温一般在0℃以上。此外，在南美大陆的阿根廷中南部因处于西风带的雨影地区，来自太平洋的气流越过安第斯山脉后下沉而绝热增温，加之沿海有寒流经过，空气稳定，所以全年干旱少雨，亦呈现温带大陆性干旱半干旱气候特征。上述地区由于干旱程度不同，自然植被有明显差异。干旱地区年降水量一般在250毫米以下，植物很少，呈现沙漠景色；在干旱区外围，年降水量在250～500毫米之间，为半干旱地区。

（8）亚寒带大陆性气候（也称亚寒带针叶林气候）。这种气候出现在北纬50°～65°之间，呈带状分布，横贯北美和亚欧大陆。具体来说，在北美从阿拉斯加经加拿大到拉布拉多和纽芬兰的大部分，在亚欧大陆西起斯堪的纳维亚半岛（南部除外），经芬兰和俄罗斯西部（南界在列宁格勒—高尔基城—斯维尔德洛夫斯克一线）至俄罗斯东部（除南部以外）。北部以最热月10℃等温线为界。这一带的气候主要受极地海洋气团和极地大陆气团的影响，并为极地大陆气团的源地。在冬季，北极气团侵入机会很多，在暖季，热带大陆气团有时也能伸入。该类气候的主要特征是：冬季漫长而严寒，每年有5~7个月平均气温0℃以下，并经常出现-50℃的严寒天气；夏季短暂而温暖，月平均气温在10℃以上，高者可达18~20℃，气温年较差特别大，年降水量一般为300~600毫米，以夏雨为主。因蒸发微弱，相对湿度很高。

寒带气候的类型

寒带地区极冷，只有2个气候类型。

（1）极地长寒气候（苔原气候）。分布在北美大陆和亚欧大陆的北部边缘（南以最热月10℃等温线与亚寒带大陆性气候相接）、格陵兰岛沿海的一部分及北冰洋中的若干岛屿，在南半球则分布在马尔维纳斯群岛、南设得兰群岛和南奥克尼群岛等地。其特征是，全年皆冬，一年中只有1~4个月月平均气温在0~10℃之间，冬季酷寒而漫长，年降水量约200~300毫米，以雪为主，地面有永冻层，只有地衣、苔藓等低等植物。

（2）极地冰原气候。分布在极地及其附近地区，包括格陵兰、北冰洋的若干岛屿和南极大陆的冰原高原。这里是冰洋气团和南极气团的发源地，整个冬季处于永夜状态，夏半年虽是永昼，但阳光斜射，所得热量微弱，因而气候全年严寒，各月温度都在0℃以下，南极大陆的年平均气温为-25℃，是世界上最寒冷的大陆，1967年挪威人曾测得-94.5℃的绝对最低气温，可堪称为世界"寒极"。地面多被巨厚冰雪覆盖，又多凛冽风暴，植物难以生长。

地质时期的气候变迁

地质时期的气候情况，我们只能根据间接的标志去研究。如根据某一地质时代的岩石性质、古老的土壤、地形以及古生物化石，还可以用放射性碳－14量来推断地质时期气候状况等。在某一地区中如发现冰碛石、冰擦痕、漂石等，这就是寒冷时期冰川活动的证明；黑龙江地区的灰化土下面埋藏有古红色土，可推知古代那里曾经有过炎热的气候；如果在现代沙漠地区发现有干涸河谷地形和湖岸线的遗迹，就表示该地是由湿润气候转变为沙漠的。生物化石是说明地质时代气候状况的良好根据，如果有马匹或走禽的化石，表示这里曾是草原气候，猿猴化石表示曾出现过森林气候；在格陵兰曾发现温带气候的树叶遗物，证明这里曾有过温暖的时期；乌克兰曾发现古代棕榈的遗迹，证明那里曾出现过热带气候。

通过上述方法对地层沉积物的广泛分析，证实整个地质时期地球气候曾经历了巨大的变化，反复有过几次大冰期，其中最近的 3 次大冰期（即震旦纪大冰期、石炭—二叠纪大冰期和第四纪大冰期）为科学家所公认，在 3 次大冰期之间为温暖的大间冰期气候。寒冷的冰期同温暖的间冰期相比是短暂的，在整个地球气候史中，大部分时期（占 90% 以上年代）为温暖气候，比现在温和。

震旦纪大冰期，发生在距今约 6 亿年以前。亚、欧、非、北美和澳大利亚的大部分地区，都发现了冰碛层，说明这些地方曾发生过具有世界规模的大冰川气候。我国东部和中部广大地区，也有震旦纪冰碛层，说明这里也曾经历过寒冷的大冰期。

寒武纪—石炭纪大间冰期，距今约 3 亿~6 亿年，当时整个世界气候都比较温暖。特别是石炭纪为古气候中典型的温和湿润气候，森林面积极广，最后形成丰富的煤矿，树木也缺少年轮，说明气候具有海洋性特征。在我国石炭纪时期全处在热带气候条件下；但到石炭纪后期，从北到南出现湿润带、干燥带和热带 3 个气候带。

石炭—二叠纪大冰期，距今 2 亿~3 亿年，主要是在南半球，北半球除印度外，目前尚未找到可靠的冰川遗迹，当时我国气候仍有温暖湿润气候带、干燥气候带和炎热潮湿气候带 3 个气候带。

三叠—第三纪大间冰期，距今约 200 万~2 亿年。整个中生代气候温暖，到新生代的第三纪世界气候更趋暖化，格陵兰也有温带树种。三

叠纪时期，我国西部和西北部普遍为干燥气候；到侏罗纪，我国地层普遍分布着煤、黏土和耐火黏土等，说明当时是在湿润气候控制之下。侏罗纪后期到白垩纪是干燥气候发展的时期，当时我国曾出现一条明显的干燥带，西起天山、甘肃，南伸至大渡河下游到江西南部，都有干燥气候条件下的石膏发育。到了第三纪，我国的沉积物大多带有红色，说明当时气候比较炎热。第三纪末期，世界气温普遍下降，整个北半球喜热植物逐渐南退。

第四纪大冰期，约始于 200 万年前。大冰期中仍然是冷暖干湿交替出现的，当寒冷时期，即亚冰期，气温比现代气温平均约低 8~12℃，高纬度地区为冰川覆盖，如最大的一次亚冰期（里斯冰期），世界大陆有 3/10~2/10 的面积为冰川所覆盖。当时北半球有 3 个主要大陆冰川中心，即①斯堪的纳维亚冰川中心，其冰流曾南伸到北纬 51°左右；②格陵兰冰川中心，其冰流也曾南伸到北纬 88°左右；③西伯利亚冰川中心，冰层分布于北纬 60°~70° 之间，有时可达北纬 50°附近的贝加尔湖。冰川扩张，气候带南迁，生物群落也随之南移，如里斯冰期时，北方动物南迁，在克里木的旧石器时代（距今 25 万年以前）地层中曾发现过北极狐和北极鹿化石。

两个亚冰期之间的亚间冰期，气候比现代温暖，北极气候比现代约高出 10℃ 以上，低纬度气温也比现代高 5.5℃ 左右。原覆盖在中纬度的冰盖消失了，退缩到极地区域，甚至极地的冰盖也消失了。冰盖退缩或消失，气候带北移，生物群落也随之北移，如北冰洋沿岸也有虎、麝香牛等喜热动物群活动，喜暖植物可一直分布到北极圈。

当高纬度地区处于冰期时，冰川覆盖扩大，极地高压增强，迫使极锋带南移到中纬度。在中纬度极锋带上气旋活动频繁，雨量丰富，内陆湖水上涨，如我国罗布泊在冰期时，湖水水域比现代大 4~5 倍。反之，当高纬度地区处于间冰期时，大陆冰盖及极地高压向极区收缩，气候带北移，中纬度地区有些地方出现干燥气候，大约在 1 万年以前大理亚冰期（相当于欧洲武木亚冰期）消退，北半球各大陆的气候带分布和气候条件，基本上形成为现代气候的特点了。

近代世界气候的变化

近代的气候变化是以冷暖转换和干湿交替为其主要特征的，气温的升降起伏，降水量的多少变化是相当频繁的。以温度为例，在"小冰期"之后，大约在 1850～1940 年之间，地球的平均气温升高 0～6℃，1940～1970 年之间，地球平均气温约下降 0～3℃。

20 世纪初的 40 年出现世界范围的增暖现象，在北极最突出，如巴伦支海水面温度 1919～1928 年比 1912～1918 年高出 8℃，因而在 30 年代时巴伦支海出现过许多以前根本没有过的喜热性鱼类。这种增暖现象到 40 年代达到顶点。此后，世界气候变冷，以北极为中心的北纬 60°以北，气温愈来愈冷；进入 60 年代以后，高纬度地区气候变冷的趋势也很明显，如 1968 年冬，冰岛和格陵兰岛竟被冰块连接起来。我国气温变化的趋势，基本上和全球平均气温演变趋势一致，转折点在 40 年代。从 40 年代末开始直到现在，我国气温总的趋势是不断下降。

从现在起，世界气候和过去二三十年的气候相比会不会有多大变化呢？答案不尽相同。在国外有些气候学家设想 20 世纪 40 年代开始的变冷趋势还会继续下去，认为目前异常气候的频繁出现是气候恶化的一种征兆，它意味着冰河期或小冰河期即将到来；但另一些气候学家则认为，由于工业高速发展，大气中二氧化碳含量不断增加，世界正进入一个迅速转暖的时期，并且推测，将出现全球气温升高、中纬度地区干旱、两极冰雪融化、海平面上升和海水淹没沿海平原等现象。而我国气候学家根据历史气候变化规律分析，认为当前气候变化虽然比较突出，但仍属一般性波动，不会导致持续冷化或干旱化。当前出现的一些异常气候均未超出历史上曾经出现过的严重程度，不能把这种气候异常看成是趋势性的气候变化的开始。美国的一些气候学家认为，未来的气候条件和过去 30 年的平均状况很可能差不多。但大多数人倾向于未来全球温度，特别是高纬度地区，将有一个小的增温。

气候变暖的原因

自 20 世纪 80 年代以来，全球气候明显变暖。英国伦敦气象台的科学家宣称，自 1850 年开始有可靠的世界气温记录以来，20 世纪 80 年代是全球最热的 10 年，而 1990 年则是全球创纪录的最热年。

全球气候为什么会变暖？科学界一致认为，是由于大气中的二氧化碳等气体含量的增加引起的"温室效应"所造成的。

大气中本身的二氧化碳含量并不高，一般约占大气的 0.03%，它是有机化合物氧化作用的产物。燃料的燃烧、有机物的腐化以及动植物的呼吸，都会产生二氧化碳。二氧化碳主要集中在大气底部 20 千米的薄层内。大气中的二氧化碳对太阳辐射吸收很少，但却能强烈地吸收地面辐射。大家可能见过温室吧，通常温室由大面积玻璃窗构成，来自太阳的短波辐射很容易通过玻璃，将室内晒热；被加热后的室内则辐射出长波辐射，长波辐射不易穿过玻璃散射出去，这样，太阳能的一部分以热能形式被阻拦保持在室内，形成温室。

大气中二氧化碳的作用，就类似温室玻璃窗的作用。日光通过大气层射向地球，地球向空间辐射出长波辐射。而二氧化碳可将大量的长波辐射吸收，从而减少了地表热量向空间辐射损失，使得大气层保持一定的热能，增加地表气温。人们把二氧化碳在大气中的这种作用称为"温室效应"。

二氧化碳引起的"温室效应"对人类生产、生活并不一定都是有害的，关键在于二氧化碳在大气中的含量。在过去的 10 万年内，大气中的二氧化碳，经植物的自然消耗，大致保持着平衡状态，也就是说，大气中二氧化碳的含量为 280/100 万，它恰好适合人类和动植物生存，也不会使气候发生较大的变化。可是，近几年来，大气中二氧化碳的含量不断增高，温室效应不断增强，从而导致了全球性的气候变暖。

自然资源

人来在地球上生存，首先是利用地球上的各种资源满足自身的衣食住行，因此，自然资源知识是地理知识中重要的一部分。

❤ 世界主要粮食作物的分布

粮食作物多指小麦、稻谷和玉米，三者约占世界粮食作物总收获面积70%和总产量80%；其他粮食作物有大麦、燕麦、黑麦、粟麦等，但产量都不大。

小麦是世界上种植面积最大且分布最广的粮食作物。世界约有1/3人口以小麦为食。种植遍布各大洲（除南极洲），主要集中于北纬27°～57°和25°～40°温带地区。北半球小麦产量占世界的90%以上。我国、俄罗斯和美国是世界主要小麦生产国，约占世界总产量1/2。世界商品小麦产区主要集中在北美洲、澳大利亚、法国和阿根廷，占世界小麦总出口量的90%以上。

稻谷的种植面积和产量分别占世界的1/5和1/4。原产于亚热带和热带，经人类长期培育，其适应性逐步增强，现在世界各大洲均有种植，以东亚、东南亚和南亚最集中。亚洲产量占世界90%，我国和印度是世界最大生产国，占世界总产量1/2以上。另有印尼、孟加拉国、泰国、日本、越南、缅甸、美国和巴西等重要生产国。稻米产量虽大，但在国际粮食贸易中比重较小，大多当地消费。世界主要大米出口国有泰国、缅甸、美国和巴西等国。

玉米占世界粮食种植面积 18% 和总产量 27%。分布广泛，在夏季高温多雨、生长季较长地区较集中。有 3 大玉米产区：美国玉米带，生产世界 40% 玉米；我国华北、东北平原；欧洲南部平原地带，包括法国、意大利、原南斯拉夫、匈牙利、罗马尼亚等国。世界最大玉米生产国是美国，其次是我国、巴西，以及墨西哥、罗马尼亚、南非、俄罗斯等国。美国是世界最大玉米出口国，占世界出口总量的 70% 左右。

世界主要经济作物的分布

经济作物是轻工业的主要原料，其产物几乎全部供销售，因此也被称为商品作物。经济作物种类很多，包括纤维作物、油料作物、嗜好作物（有时称饮料作物）和药用作物。天然橡胶和大豆等，有时也包括在经济作物之内。

世界主要经济作物的生产分布大多与粮食作物相反，粮食生产分布比较普遍，且与人口分布大体一致，而在世界粮食总产量中投入世界市场的比重较小（仅约 1/10），且主要粮食出口国都是发达国家。但是主要经济作物的生产则往往是高度集中在少数地区，尤其是集中在发展中国家；发达国家仅仅是在某些温带经济作物（如甜菜、大豆和某些油料）及少数亚热带作物（如棉花、葡萄）生产方面占的比重较大，热带作物则几乎完全集中在发展中国家。

主要经济作物的生产分布所以有此特点，主要原因是这些经济作物的生长大多对自然条件有特殊要求，同时商品率很高，价值规律和竞争的作用特别明显，因此通过竞争逐步集中到了少数条件最有利的地区。另外许多经济作物的生产往往需要大量劳动力而不宜实行机械化，因此趋向于人口密集、劳动力便宜的少数发展中国家和地区。发达国家除自然条件限制和劳动力昂贵及其他社会、历史等因素影响经济作物生产比重较小外，还因为它们对蔬菜、肉、乳等的消费量大，从而使很大一部分劳动力用于这些不适宜长途运输的农畜产品的生产方面。

天然纤维原料作物有棉花、麻类和木棉等，其中最主要的是棉花。棉花原产印度，喜高温多雨，热带草原、温带和热带季风地区最适宜生长。由于灌溉技术的进步和对棉花质量要求的提高，战后棉花日益向具有灌溉条件的干旱地区集中，而且棉花生产需要大量劳动力，机械化发展又较晚，棉花经压轧去棉籽后运输成本不比棉织品高，这些因素都影响了棉花生产和消费在地区分布上的不一致。

世界棉花生产主要有 4 大地区：①亚洲大陆南半部，包括俄罗斯的中亚和外高加索以及我国、印度和巴基斯坦，还有一些西亚国家等，此区约占世界棉花产量 1/2 以上；②美国南部；③拉丁美洲，主要是墨西哥、巴西、阿根廷、哥伦比亚以及中美洲地区；④非洲，其中以埃及和苏丹长绒棉最为著名。

油料作物多以一年生为主，包括大豆（有时也将大豆列为粮食作物）、花生、油菜、向日葵、芝麻等，另外，棉籽、亚麻籽、大麻籽也是榨油原料。多年生油料植物（如油橄榄、油棕、椰子和油桐等）占次要地位。油料作物生产油地区分布与粮食作物有些类似。世界上人口密集的地方都有油料作物的种植，只是品种不同而已。不过，由于自然条件的限制，个别油料作物的分布比较集中。世界上产油料较多的国家是美国（大豆、棉籽、花生等）、我国、俄罗斯（向日葵、棉籽）和印度（芝麻、花生、油菜籽和棉籽）等。发展中国家在世界许多油料的生产上都占重要地位：花生、芝麻各占 4/5，亚麻籽占 3/5，大麻籽占 70%，油菜占 1/3，大豆占 1/4，以及 100% 的油棕和椰子。油料作物是发展中国家的重要出口商品，西欧和日本油料产量较少，是世界最大的油料进口地区。

糖料作物主要是甘蔗和甜菜。甘蔗是亚热带、热带作物，原产印度，后传播世界各地。20 世纪 80 年代初期，世界每年生产糖约 9000 多万吨，其中近 2/3 为蔗糖，其余是甜菜糖。世界甘蔗生产绝大部分分布在发展中国家，其中拉丁美洲约占 1/2，主要集中在巴西、古巴、墨西哥、多米尼加、阿根廷等国；亚洲占 1/4，主要在印度、我国、菲律宾、印尼和泰国；其余则产在非洲（南非、毛里求斯等）和澳大利亚等地。

甜菜与甘蔗不同。它是温带作物，欧洲是甜菜最大产区，约占世界总产量的80%以上。在欧洲，由英国向东经荷兰、比利时、法国、德国、波兰、捷克斯洛伐克、匈牙利、罗马尼亚，一直延伸到乌克兰，以及意大利北部、西班牙等，许多肥沃的平原和河谷都盛产甜菜。北美是第二个主要甜菜产区，产量约占世界的96%。可见甜菜糖主要生产国是发达国家，它们生产的甜菜糖主要供国内消费，而且尚供不应求，几乎所有甜菜生产国都要进口原糖。

世界主要饮料作物有咖啡、可可和茶叶，除日本、俄罗斯有少量的茶叶外，几乎全部产在发展中国家。咖啡主要产于拉丁美洲（以巴西、哥伦比亚为最多）和非洲，可可多集中在西非和巴西；茶叶则以亚洲的印度、我国和斯里兰卡为主要生产国。但是咖啡与可可的消费地则主要是发达国家，占世界人口3/4的发展中国家，只消费了世界咖啡与可可总消费量的不到1/5。发展中国家茶叶的消费量较咖啡、可可为大。

橡胶在人类生产和生活中占有极重要的地位，但由于世界人工橡胶的发展，天然橡胶在世界橡胶消耗总量中所占比重有所下降。天然橡胶原产于巴西亚马孙河流域，19世纪70年代被引进到东南亚。东南亚某些地区现在是世界天然橡胶的主要产地，其中以马来西亚、印度尼西亚和泰国为最多，南亚的印度、斯里兰卡产量也较大。

❤ 世界森林资源的分布

世界森林面积约26.4亿公顷，其中针叶林占11.4亿公顷，阔叶林占15亿公顷。世界森林资源分布很不平衡，绝大部分集中在北半球，北半球集中了95%以上的针叶林，90%的温带阔叶林，90%以上的工业用材林；南半球从工业角度来看，森林资源较少。针叶林多分布在亚欧大陆北部诸国（俄罗斯、挪威、瑞典等）和北美洲（加拿大、美国）；阔叶林产于亚非拉的热带雨林区。

20世纪下半叶，欧美发达国家广泛采用速生针叶林树种营造人工林，使得针叶林面积在世界森林总面积中的比重有所增加，而非、亚、拉美地区的阔叶林，由于乱砍滥伐，比重不断下降。从利用角度上看，针叶林利用率高于阔叶林，而在非洲、南美许多森林资源中，难以开发利用和非用材林的比重较大。从林产品生产情况看，欧美发达国家生产原木不到世界1/2，但在木材加工方面几乎垄断，而发展中国家则多以原木出口，森林工业基础薄弱。

世界海洋渔业资源的分布

世界海洋渔业的分布主要受两方面的因素影响，一是渔业资源多少，二是各地对渔业资源的研究和利用的程度。渔业资源的多寡，主要由鱼类的主要食料——浮游生物的丰富程度决定。因此，不同海域浮游生物的多少，决定了海洋鱼类和渔场的分布。

大陆架是浮游生物的世界。这里海水较浅，阳光透入好，水温较高，宜于浮游生物繁殖。大陆架靠近大陆，河流从陆地上带来了丰富的营养盐类滋养浮游生物。大洋底海洋生物遗体腐烂后也能分解出许多营养物质。这些营养物质在海水中分布是不均匀的，以下层为最丰富。大陆架海域，随着波浪、潮汐、海流等海水运动，或者是由于上下水温不同而形成的海水垂直运动造成水体混合，下边的营养盐类被翻到上层供浮游生物食用。因此，大陆架海域营养丰富，浮游生物多，是海洋鱼类云集之场所。世界海洋渔业产量的80%以上是在仅占海洋面积8%的大陆架水域捕获的。

海洋渔业资源丰富的海域，也往往是寒暖流交汇的地方。两股温度不同的海流相遇，海水温度有很大差别，必然造成表层海水与深层海水的连续不停的垂直运动，使海底营养物质浮上来滋养浮游生物，因而就吸引大批的鱼群游来。世界上几个大的渔场，都具备这样的自然条件。如西北太平洋渔场是世界最大的渔场，特别是日本暖流（日本称"黑潮"）和千岛寒流（日本称"亲潮"）交汇处的日本北海道和我国东部沿海渔场，占世界渔场面积的1/4；东北太平洋渔场有北太平洋暖流与阿留申寒流交汇；以纽芬兰为中心的西北大西洋渔场，主要是墨西哥湾暖流和拉布拉多寒流汇合；以北海为中心的东北大西洋渔场，则是北大西洋暖流与北冰洋寒流的交汇处。

从纬度上看，上述几个大渔场都处在中高纬度的温、寒带地区，而热带水域渔业资源贫乏。这主要是因为寒、温带水域多风暴，风大浪大，加速了海水的垂直运动；同时，由低温造成表层冷水下沉，引起海水上下混合，使下层营养盐类上翻，利于浮游生物及鱼类繁育。而热带海域表层水温高，又常处在无风或微风状态，海水很难发生垂直流动，表层缺乏营养物质和浮游生物，因此，渔业资源很少。只有在低纬大陆西部沿海某些海域，如秘鲁沿海水域，才有较丰富的渔业资源，这是因为秘鲁寒流沿秘鲁海域自南而北流过，因受地转偏向力和盛行东南风的影响，使寒流表层的海水向西偏离海岸，促使近岸的深层海水上泛，从海底浮上丰富的营养盐类，利于鱼类生长，因此，使秘鲁沿海也成为世界著名的渔场之一，秘鲁也是世界海洋渔业产量较多的国家。

锰结核的储量及分布

锰结核是一种棕色或青褐色的球体或圆块体，又称锰矿球、锰团块和锰矿瘤。外表像是土豆，直径 1~20 厘米，平均约 5 厘米，最大者达 1 米以上。如果将其切开，横切面呈像树木年轮一样的同心圆状，中心有一个核。锰结核是一个多金属矿体，一般约含有锰 27%~30%，镍 1.1%~1.4%，铜 1%~1.3%，钴 0.2%~0.4%，以及一定数量的铁、钼、钛、锌等共约 30 余种元素，堪称"金属家族"。

锰结核是聚集在 4000~5000 米以下深海底的矿体，19 世纪 70 年代英国的考察队首先在太平洋、大西洋和印度洋中发现，20 世纪 50 年代末有关它的发生、构造和组成等方面的研究，才开始取得广泛的成果。现在，对其利用技术的研究也有很大进展。以美国为首的国际垄断资本已组成了联合开发公司，正式进行锰结核的开采与提炼。估计，经过改革技术后，由锰结核中提取锰、镍、铜、钴等重要金属，其成本可能仅相当于陆上开采、提炼这些金属成本的 50%~75%。就目前所知，锰结核主要分布在太平洋、大西洋和印度洋的深海底，平均厚度可达 1 米。其中以太平洋中部北纬

6°~20°、西经 160°~180°之间的洋底最为集中，特别密集的地方每平方米可达 100 千克；其次是南太平洋、北太平洋和南大西洋洋底。

大洋底储有多少锰结核，说法不尽一致，一般认为是 1.5 万亿~3 万亿吨。锰结核可提炼大量金属，仅锰、镍、铜、钴四种金属总量可达 8000 亿吨，而 70 年代中期陆上该四种金属的总储量也只有 11 亿吨，即是陆地上储量的近 800 倍。锰结核增长速度非常缓慢，一种意见认为每 1000 年增长 1 毫米，甚至 100 万年才长 1 毫米，另一种意见认为大约每 1000 年可增长 1~100 厘米。虽然它增长如此缓慢，但从每年的增长量中提炼的铜、镍可供全世界使用好几年。

煤的形成

第一个离开大海，成功地适应陆地生活的植物是海藻，它是一种低级水生植物，但当时高级植物的起源却都与它有关。

一旦适应了新的环境，植物就生长得相当快。不久地面上到处长满了各种植物。石炭纪时期植物非常多，也就是说 3 亿年以前已有了大面积的可以形成煤层的植物。

今天的工业用煤、发电取暖的用煤历史应从那时算起。当时覆盖地球表面的是大片大片的森林，后来随着时间的流逝，一些大树"年老而亡"，一些大树被风暴刮倒，在地面上铺了厚厚的一层木头，接着这些木头又被泥沙盖住。这样，木头不再与空气接触了，并因地球内部的压力与热量的作用，经过漫长的时期，完全改变了形态，成为煤层。

有几种不同种类的煤，可以依据煤的年龄大小以及当时形成煤的条件来分类。烟煤与无烟煤是重要的品种，煤气、民用气，都是通过烟煤获得的。焦炭是生产煤气过程中的副产品。无烟煤能提供大量热能而没有多少煤渣，所以人们都愿意使用无烟煤来取暖。

世界煤炭资源的分布

人类对煤炭的利用历史悠久。煤炭不仅是重要能源，也是特别重要的化工原料。煤炭中最重要的是无烟煤，含碳量一般在90%以上；其次是烟煤，含碳量75%~90%；再次是褐煤，含碳量60%~70%；此外，还有泥炭，含碳量最低，煤质最差。

世界煤炭资源非常丰富，同其他资源一样，世界煤炭资源在地区分布上也是不平衡的。全世界拥有煤炭资源的约有80个国家，共有大小煤田大约2400个。这些煤田绝大部分位于地质史上气候温暖和地壳结构活动带的低洼地区中，其中地质储量在5000亿吨以上的7个大煤田是俄罗斯的勒拿、通古斯、泰梅尔、坎斯克—阿钦斯克和库兹巴斯，巴西的阿尔塔—亚马孙，美国的阿巴拉契亚。此外，储量超过10亿吨的煤田尚有近200个。

从资源的地区分布看，集中北半球，其中以亚洲、北美洲最为丰富，在全球地质储量中分别占58%和30%，欧洲占8%，而南半球则数量极少。以国家论，储量最多的是俄罗斯，约占世界煤炭总储量的2/5；其次是美国，约占1/4强；以下为我国、加拿大、德国、澳大利亚、英国、印度、波兰、南非。

石油的形成

今天，煤炭失去了往日燃料霸主的地位。当今首选的燃料是石油，石油是从地底喷出的宝贵物质，它为产油国带来财富。

为了寻找油田，开采石油，人们要居住在沙漠荒野之中，在海上架起巨大的平台，人们要将岩石钻透，一直钻到地下的5000米的地方，人类在这方面的投资是巨大的。

找到油田后，经济效益是可观的，因为有成千上万吨黑色原油流淌出来。人们用管道将这些原油运送到炼油厂或储油罐中，然后加工成各种石油化工产品。

石油的"年龄"比煤要"年轻"得多。石油是中生代的产物。它大约形成于 6500 万 ~ 225 亿年之间。那个时代正是恐龙兴衰的时期。

甚至到了中生代，地壳还在不停地发生变化。大海中以及湖泊里的沉积物在各地聚积起来，沉积物堆积的形式说明这个时期大海与陆地连续不断地升起与沉降。

白垩纪是指 6500 万 ~ 1.3 亿年以前的时代，这个时期是地球历史中较长的一个时期，它持续了大约 6500 万年，这期间，陆地上的动物繁殖迅速。一些在美国、加拿大发现的重要油田和天然气田都是在白垩纪的岩层中找到的。因为地壳的不稳定，大量的有机物质，由腐烂的动物转化而成的物质被压在地底下，慢慢地变成了我们今天找到的石油。

这一时期的地层结构之所以非常重要，部分是由于它们含有大量的铜、铀及其他矿物质沉积层，但主要还是由于它们含有花朵的化石——植物开花是植物王国一大进步的标志。

世界石油资源的分布

石油是发热量最高的矿物能源，又是制造塑料、合成纤维、合成橡胶、合成洗涤剂、染料、医药、农药、炸药和化肥的重要原料。现代化的工业、农业、武器装备等都需要石油及其产品提供燃料油、润滑油和原料。

近代石油工业于 19 世纪 50 年代相继发端于欧洲和美国，世界石油资源在地区分布上的总的特点是相对集中。

全世界储油国有 60 多个，其中探明储量在 10 亿吨以上的只有 16 个，合计占总储量 92%，仅波斯湾地区 8 个就占 53% 左右。著名储油盆地有中东的波斯湾、委内瑞拉的马拉开波、俄罗斯的伏尔加—乌拉尔、俄罗斯的西西伯利亚、墨西哥的雷费马—坎佩切、美国的佩米安、利比亚的锡尔特。以上 7 大盆地合计占世界石油储量的 2/3。

由于世界资源分布及消费量不平衡，造成世界石油贸易中出口来源高度集中，销售对象分布极广。全世界石油出口国不到 30 个，而进口国约有 140 个。在石油出口国中，除俄罗斯外，几乎全是发展中国家，集中分布在

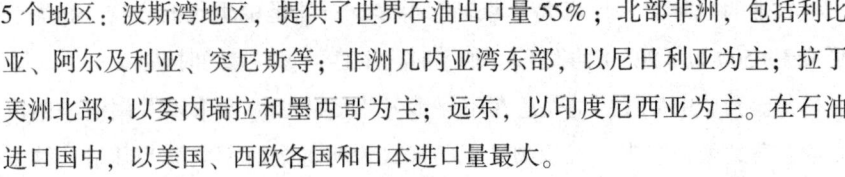

5个地区：波斯湾地区，提供了世界石油出口量55%；北部非洲，包括利比亚、阿尔及利亚、突尼斯等；非洲几内亚湾东部，以尼日利亚为主；拉丁美洲北部，以委内瑞拉和墨西哥为主；远东，以印度尼西亚为主。在石油进口国中，以美国、西欧各国和日本进口量最大。

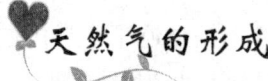天然气的形成

天然气是埋藏在地下的古生物经过亿万年的高温、高压等作用而形成的可燃气体。天然气其主要成分是甲烷，是一种无色无味无毒、热值高、燃烧稳定、洁净环保的优质能源。天然气是较为安全的燃气之一，它不含一氧化碳，也比空气轻，一旦泄漏，立即会向上扩散，不易积聚形成爆炸性气体。

天然气可以有几种不同的划分。如果按其形成，可分为油田气、煤成气、生物气和水合物气4种。油田气是石油烃类天然气；煤成气是成煤过程中有机质产生的甲烷气；生物气是有机质在70℃以下遭厌氧微生物分解产生的甲烷气；水合物气是在低温高压下，甲烷等气体分子渗入水分子晶隙中缔合的气体。

世界天然气的分布

世界单纯产天然气的气田约1万个，其中4/5分布在美国。许多油田也伴生天然气。储量高度集中在少数大气田中，世界11个特大型气田占世界总储量30%以上，其中最大的3个气田，都位于俄罗斯西西伯利亚的乌连戈伊、扬堡和扎波利亚尔内。

目前天然气运输主要有2种：①通过低温高压技术使天然气成为液态后，再装特种容器内运输；②通过管道运输。世界主要天然气出口国有俄罗斯、荷兰、挪威、加拿大、印度尼西亚、文莱、阿尔及利亚、阿联酋和利比亚；进口国主要是日本和西欧一些国家。